理系人材のための金融経済リテラシー

Financial economic literacy
for Scientific background talents

大和総研
岡野武志／太田珠美
［著］

一般社団法人 **金融財政事情研究会**

プロローグ
Society 5.0 で高まる理系人材への期待

　人工知能（AI） や**ロボット技術**などを組み込んだ商品やサービスが、急速に社会に広がっています。**ビッグデータ**や**IoT**に関わる技術の進歩は、第1次産業やエネルギー分野の姿も変えはじめています。火や道具を使うことを発見し、動力やエネルギーを獲得して発展してきた人類の社会は、生産技術や情報通信技術の発達を経て、「**第4次産業革命**」と呼ばれる新たな進化の段階に差し掛かってきたようです。AIやロボット技術などを軸とした第4次産業革命は、これまでとは非連続的で急速に展開することが予想され、その先には人々が活き活きと暮らせる**超スマート社会（Society 5.0）** が来ると期待されています。

　高度な科学技術が牽引するSociety 5.0は、**データ駆動型社会**ともいえます。Society 5.0では、現実空間から集められた情報が仮想空間で

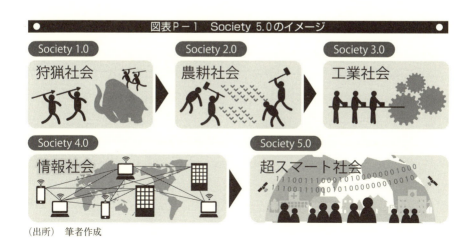

図表P-1　Society 5.0のイメージ

（出所）　筆者作成

集積され、AIによる解析などを経て、現実空間にフィードバックされます。フィードバックされた情報は、さまざまな意思決定に反映され、仕事や暮らしを変えていくことが想定されています。集積されたデータから国民の意識やニーズが的確に把握できれば、政策の意思決定や行政サービスの提供は、いまより効率的で効果的になりそうです。AIが消費者の需要や志向を精緻に予測できれば、**ビジネスモデル**やマーケティング方法などが変わってくることも考えられます。

　仮想空間からフィードバックされる情報は、自動化された工場やロボットなども動かします。自動化された機械が正確に動き、人の仕事を肩代わりしてくれれば、人が仕事に拘束される時間は減ってきます。自分から出向かなくても、医療・教育などのサービスを受けられたり、注文したモノが自動で届けられたりすれば、住む場所や居る場所を制約されることも少なくなります。さまざま言語が簡単に翻訳できれば、国や文化の壁を越えやすくなる可能性も出てきます。時間や空間や言語の制約から解放され、あらゆる人が活き活きと快適に暮らせる社会は、すぐそこまで来ているのかもしれません。

　Society 5.0がすぐそこまで来ているとしても、そこに至る道のりには人の力が必要です。具体的な構想を描いても、取組みを牽引する人材

図表P-2　超スマート社会の姿

「必要なもの・サービスを、必要な人に、必要な時に、必要なだけ提供し、社会の様々なニーズにきめ細かに対応でき、あらゆる人が質の高いサービスを受けられ、年齢、性別、地域、言語といった様々な違いを乗り越え、活き活きと快適に暮らすことのできる社会」

（出所）　内閣府「科学技術基本計画」（第5期）より筆者作成

がいなければ、構想は理想や空想のままで終わってしまいます。会社や組織は自ら考えて行動することができないため、イノベーションを社会や経済の発展につなげる仕事は、人が担うことになります。科学技術の成果を発展させ、第4次産業革命を加速させるためには、たくさんの人が努力や工夫を重ね、課題を克服していくことが求められます。

　Society 5.0が動き出し、機械が人の仕事を肩代わりしてくれるとしても、機械を上手に使う仕事や機械ではできないような仕事は、むしろ増えてくる可能性もあります。過去にはできなかったことが実現可能になれば、ほしいモノややりたいコトへの夢や希望はさらに広がっていきます。さまざまな技術が関わり合い、多様なデータが飛び交うデータ駆動型社会では、専門分野や業界・業種などを隔ててきた境界が薄れていくことも予想されます。情報通信や物流の発達によって、国の境界も薄れるボーダレス社会では、新たな変革は海外からも押し寄せ、変化に対応するためのさらなる創造が求められるかもしれません。

　現実の社会をみると、再生可能エネルギーや自動運転などの分野には、さまざまな業種の会社が参入しています。情報通信や小売の会社が銀行を設立したり、製造業の会社が野菜をつくったりする例もみられます。オンライン・ショッピングやシェアリングエコノミーの分野では、

図表P-3　理系人材に期待される活躍の姿

- ■新しい価値の創造及び技術革新（イノベーション）
- ■起業、新規事業化
- ■産業基盤を支える技術の維持発展
- ■第三次産業を含む多様な業界での力量発揮

（出所）　文部科学省「理工系人材育成戦略」より筆者作成

海外からも新たなサービスやビジネスモデルが持ち込まれています。変化に対応する者が生き残る現実の社会では、会社をはじめた頃の本業を離れ、新たな分野に参入して発展を遂げている会社は少なくありません。高度な科学技術が産業や経済を変革し続けるとすれば、変革を牽引できる理系人材への期待は、ますます高まっていくと考えられます。

　理系人材が現実の社会で創造的な活躍をするためには、専門分野についての深い知識だけでなく、変化を感じ取るために、社会や産業に向けても広い視野を持つことが期待されます。異分野の人と連携や協力を進めていく上では、金融や経済に関する知識は、双方の立場を理解するための共通言語ともいえます。ところが、日本の教育システムでは、高等学校の在学中に文系／理系の選択を迫られることも多く、ひとたび理系を選択すると、大学や大学院でも金融や経済、社会や産業などについての知識を得る機会は、それほど多くないようです。メンバーシップ型で新卒者を一斉採用し、OJT型で人材育成を進める会社や組織では、仕事に就いてからもそのような知識を得る機会は限られているようです。科学技術の知識と論理的な思考を備えた理系人材が、金融や経済、社会や産業などについての知識を身に付けることができれば、変化する社会で活躍する機会はさらに広がるように思えます。

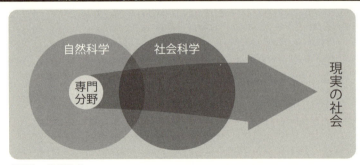

図表P-4　専門分野と社会とのかかわりのイメージ

（出所）　筆者作成

大和総研グループでは、理系の方が社会で活躍することを応援するために、東京工業大学大学院において「金融・経済活動と企業戦略」という講義を実施してきました。2012年度からはじまったこの講義は、これまでたくさんの方に受講していただき、理系の方からも金融や経済に関する知識へのニーズが高いことが実感されてきました。この本は、「金融・経済活動と企業戦略」の講義で解説してきた内容をベースとしながら、より多くの方に読んでいただけるよう、「わかりやすく・読みやすく」を心がけて書いています。理系の方を対象とする形をとっていますが、保健・介護やスポーツ、農林水産や人文など、さまざまな分野で活動し、これまで金融や経済に関する知識とあまり縁がなかった方にも、読んでいただける内容になっています。また、大学生や大学院生だけでなく、これから転職や起業、キャリアの再出発などを考えている方にも、参考にしていただける部分があるのではないかと思います。

　この本は、書名が示すとおり、金融や経済の基礎的なことを中心に、社会や産業などについても大まかなイメージをつかんでいただくことを目的としています。そのため、専門的な部分や込み入った内容を正確に示すことより、用語に慣れていただくことや概要を把握していただくことを優先しています。また、ページ数には限りがあるため、関係する内容を網羅できていないところも少なくありません。この本を通じて興味や関心を持っていただいた部分については、詳しく書かれた専門書やネット検索などを活用して、正確な内容や詳細な説明に触れ、さらに理解を深めていただくことをお勧めします。

　それでは、さっそく金融経済リテラシーにつながる扉を開いてみることにしましょう。

目　次

プロローグ　Society 5.0で高まる理系人材への期待 …………………………… i

Chapter 1　数字がわかれば会社がわかる

Section 1　会社を数字からみてみよう─財務諸表の基礎 …………………… 2

1. 財務諸表とは ………………………………………………………………… 2
2. 会社の資産ってどんなもの？（貸借対照表：B/S） ……………………… 3
   - (1) 資産の部 …………………………………………………………………… 3
   - (2) 負債・純資産の部 ………………………………………………………… 4
3. 売上高と利益って何が違うの？（損益計算書：P/L） …………………… 5
   - (1) 売上高・営業利益 ………………………………………………………… 6
   - (2) 経常利益・当期純利益 …………………………………………………… 7
4. 利益が出ている＝お金がある、とは限らない
   （キャッシュフロー計算書）………………………………………………… 7
5. 会社をつくってみよう ……………………………………………………… 9
   - (1) 創業段階の貸借対照表 …………………………………………………… 9
   - (2) 事業開始から1年経過（損益計算書とCF計算書）…………………… 10
   - (3) 1年後の貸借対照表 ……………………………………………………… 13

Section 2　何をするにもお金はかかる─資金調達手段と財務戦略 ………… 16

1. 事業計画と予算を立てよう ………………………………………………… 16
2. 会社が安定して使えるお金を確保しよう ………………………………… 17
   - (1) 株式発行 …………………………………………………………………… 17
   - (2) 事業で稼いだお金（社内留保／利益剰余金）………………………… 19
3. 足りないときは他の人から借りよう ……………………………………… 19

|　　　(1)　金融機関からの借入 …………………………………………… 19
|　　　(2)　社債発行 …………………………………………………………… 21
|　　4　借入以外の方法でお金をつくる …………………………………………… 23
|　　　(1)　保有資産をお金にする …………………………………………… 23
|　　　(2)　事業をお金にする ………………………………………………… 25
|　　　(3)　資産の圧縮によるコスト削減 …………………………………… 26

Chapter 2　会社を大きくするためには

Section 1　ビジネスにリスクはつきもの─リスクマネジメント ……………… 30

1　リスクはどこにあるのか ……………………………………………………… 30
2　リスクと上手に付き合う ……………………………………………………… 33
　　(1)　排除・回避 ………………………………………………………… 34
　　(2)　予防・低減 ………………………………………………………… 35
　　(3)　許容・保有 ………………………………………………………… 35
　　(4)　移転・分散 ………………………………………………………… 35
3　リスクマネジメントの広がり ………………………………………………… 36
4　リスクマネジメントと危機管理 ……………………………………………… 39

Section 2　会社のことを決める─コーポレートガバナンス ………………… 43

1　会社は誰のものか ……………………………………………………………… 43
2　会社を動かす仕組み …………………………………………………………… 46
　　(1)　監査役会設置会社 ………………………………………………… 46
　　(2)　指名委員会等設置会社 …………………………………………… 47
　　(3)　監査等委員会設置会社 …………………………………………… 47
3　会社を正しく動かす …………………………………………………………… 49
4　会社を良くする視点 …………………………………………………………… 51

Chapter 3　会社の価値をどう測るか

Section 1　投資家は会社をどうみている？—企業の価値 ……58

1　上場会社ってどんな会社？ ……58
   (1)　上場会社は証券取引所の審査をクリアした会社 ……58
   (2)　あえて上場しない会社もある ……59
2　どの会社の株式を買えば儲かりますか ……61
   (1)　株式投資のリターン ……61
   (2)　株式投資のリスク ……62
   (3)　ハイリスク・ハイリターン／ローリスク・ローリターン ……63
3　投資するからには損をしたくない ……64
   (1)　財務諸表を使って収益性や成長性、安全性を分析する ……64
   (2)　株価水準が割高か割安かを分析する ……66
   (3)　指標をみるポイント ……67
4　投資しているのはどんな人？ ……68

Section 2　会社と金融市場との接点—株式と債券 ……71

1　株式と債券の違いを改めて考える ……71
   (1)　リターンの確実性・不確実性 ……71
   (2)　株式と債券の中間に位置する"メザニン" ……71
2　株式や債券の売買は会社とは無関係？ ……72
   (1)　証券取引所で買えるもの、買えないもの ……72
   (2)　流通市場と発行市場 ……74
3　すべての卵を1つの籠には入れない ……75
4　金融市場はリスク管理にも利用されている ……78
   (1)　先物取引 ……78
   (2)　オプション取引 ……79
   (3)　スワップ取引 ……80
   (4)　天候デリバティブ ……82

Chapter 4　会社が集まって経済になる

Section 1　経済発展と会社の関係―GDP（国内総生産） ……………… 86
1. 日本が経済大国といわれる理由（GDP比較・推移） ……………… 86
2. 付加価値ってなんですか？（付加価値の考え方） ………………… 88
3. GDPの測り方（三面等価） ………………………………………… 90
   (1) 生産面からみたGDP ………………………………………… 90
   (2) 分配面からみたGDP ………………………………………… 90
   (3) 支出面からみたGDP ………………………………………… 91
   (4) 生産・分配・支出の3方向からGDPをみる意味 …………… 92
4. いろんな会社が経済を支えている …………………………………… 95

Section 2　会社は海外でも稼いでいる―経常収支 ……………………… 100
1. 良いモノは世界中で売れる …………………………………………… 100
2. 国をまたいだサービス取引 …………………………………………… 103
3. Made in JapanからMade by Japan ………………………………… 106
4. 変化する日本経済 ……………………………………………………… 109

Chapter 5　研究開発で未来は変わる

Section 1　科学技術立国の展開 ……………………………………………… 114
1. 研究にはお金がかかる ………………………………………………… 114
2. 国が進める研究開発 …………………………………………………… 117
3. 会社は成長に投資する ………………………………………………… 119
4. 海外に展開する科学技術 ……………………………………………… 122

Section 2　未来を拓く理系人材 ……………………………………………… 127
1. 経済効果を生み出す研究開発 ………………………………………… 127
2. 変化する社会と研究人材 ……………………………………………… 130

3　Society 5.0と働き方 ……………………………………………………… 133
　　4　知の高度化と知の統合 …………………………………………………… 136

Chapter 6　世界の課題に挑戦する

　　1　社会的課題と政策 ………………………………………………………… 142
　　2　社会的課題へのさまざまなアプローチ ……………………………… 145
　　　　⑴　排出量取引（キャップ・アンド・トレード） ……………………… 146
　　　　⑵　固定価格買取制度（Feed In Tariff：FIT） ………………………… 146
　　　　⑶　トップランナー制度 ……………………………………………… 147
　　3　社会的責任とESG投資 …………………………………………………… 147
　　4　人間開発とSDGs …………………………………………………………… 150

エピローグ　人生100年時代のリテラシー ………………………………… 153

Column

金融や経済とは関係ありません！ …………………………………………… xi
会社を続けるにはどのくらい売ればいい？ ………………………………… 15
共感を集めてお金も集める …………………………………………………… 28
去年と同じではいけませんか？ ……………………………………………… 42
どうすれば正解ですか？ ……………………………………………………… 55
投資とは無縁……でホントに大丈夫？（NISAとiDeCo） ………………… 70
金融業界に求められる理系人材 ……………………………………………… 84
時代が変わればGDPも変わる ………………………………………………… 98
インターネットの普及で国の垣根が低くなる（越境EC） ………………… 111
もっと協力はできませんか？ ………………………………………………… 126
研究開発で会社をつくれますか？ …………………………………………… 139

> **Column** 金融や経済とは関係ありません！

　コンビニやスーパーなどで買い物をするとき、その代金を支払うために、現金だけでなく電子マネーやクレジットカードなどを使うことも増えています。車や家を買うときには、金融機関にローンを組んでもらったり、自動車保険や火災保険などを契約したりもします。生命保険や年金に加入したり、あまったお金を貯蓄や投資に振り向けたりすることも珍しくありません。私たちの暮らしは、さまざまな場面で金融や経済とかかわっているといえるでしょう。金融商品の価格や金利・保険料などは、経済や社会の動向などに伴って変動しますが、**iDeCo**（個人型確定拠出年金）や**NISA**（少額投資非課税制度）などの登場により、金融や経済に関する知識が必要になる機会は広がっています。

　近年では、金融（Finance）と技術（Technology）を組み合わせた「**FinTech**」に取り組む会社が増え、金融サービスはさらに身近になっています。スマートフォンなどを通じて、残高照会や送金などが手軽に行えるだけでなく、商品購入や商品検索などの履歴から、お勧めの商品やサービスを抽出して紹介する機能もみられます。必要なデータをインプットすれば、家計管理や資産管理が簡単にできたり、資産運用のアドバイスや貸付審査などを自動で受けたりすることもできるようです。ビッグデータやAI、ブロックチェーンなどを駆使して、金融サービスが自動で提供される時代だからこそ、なおさら「何がどうなっているのか」を理解しておく必要がありそうです。

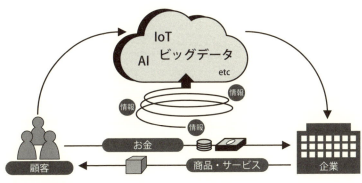

（出所）筆者作成

Chapter 1

数字がわかれば会社がわかる

Section 1

会社を数字からみてみよう
財務諸表の基礎

1 財務諸表とは

　たくさんの会社がインターネット上で会社情報を公表しています。会社情報には、業務概要、所在地、社員数などの基本情報に加え、財務情報（資本金の額や年間の売上高など）も掲載されています。会社の状況を知る上で、財務情報は非常に重要です。ここでは、財務情報を知る上で重要な財務諸表のうち**貸借対照表**、**損益計算書**、**キャッシュフロー計算書**の見方について学んでいきます。

　会社が財務諸表を作成する目的は、自らの財務状況を把握する、また取引先や金融機関など外部に対して自社の状況を正確に公表する、といったことがあげられます。私たちも、「いま自分の財産がどれくらいあり、今月の収入と支出がどれくらいで……」ということを頭の中で考えながら日々のお金のやりくりをしていると思います。会社の場合はお金の出入りが複雑ですので、経営上、財務諸表などを作成して自社の状況を正確に把握しておくことが重要です。また、他社に新規取引を申し出たり、金融機関に借入を申し込む際など、先方から財務諸表の提供を求められることもあります。これは、取引を継続的に行えるか、きちんとお金を返してもらえるか、といったことを判断する材料の1つとして、財務の状況が重視されているためです。

2 会社の資産ってどんなもの？（貸借対照表：B/S）

貸借対照表はある一時点の会社の財産を一覧にしたもので、**資産の部**と**負債・純資産の部**から構成されています。貸借対照表をみると、会社がどのような資産を持っているか、またその資産を購入するためにどこからお金を調達したか、を知ることができます。

(1) 資産の部

貸借対照表の左側にある資産の部には、会社の資産を記録します。資産は基本的に**流動資産**と**固定資産**に区分されます。流動資産は現金・預金に加え、棚卸資産（原材料が製品となり販売されるまでの間に位置するものを指し、具体的には原材料・仕掛品・在庫品が該当します）、売上債権など短期間で現金化されるものを計上します。

売上債権（受取手形や売掛金）はいわゆる"後払い"で、たとえば月内に販売した分の代金を、まとめて翌月の15日までに支払ってもらう、といったときに計上するものです。クレジットカードの利用をイメージしてもらうとわかりやすいかもしれません。クレジットカードで買い物をすると、商品の受渡しは即時に行われますが、実際のお金の支払いは翌月になります。

会社同士の取引では、製品の販売やサービスの提供と、その対価（代

図表1-1-1　貸借対照表の主な構成項目

資産の部	負債の部
流動資産・・・現金・預金、原材料、仕掛品、在庫品、売上債権など	流動負債・・・買掛債務、返済まで1年未満の借入金など
	固定負債・・・返済まで1年以上ある借入金など
固定資産・・・土地、建物、設備、投資有価証券など	純資産の部・・・資本金、利益剰余金など

(出所)　筆者作成

金）の受取りが同時に行われないことが多くあります。販売した側は、将来受け取る予定の代金を、支払期日まで売上債権という形で流動資産に計上します。

一方、固定資産は中長期的に保有するもので、土地や建物、設備などを計上します。また、子会社を設立したり、他の会社を買収して子会社にするような場合、それら子会社の株式を保有することになりますが、この子会社株式も投資有価証券として固定資産に計上します。

(2) **負債・純資産の部**

貸借対照表の右側にある負債・純資産の部は、事業を行うにあたって会社が資金調達をどのように行ったかを記録するところです。会社の資金調達には銀行など金融機関からの借入や、有価証券発行などさまざまな手法があります（資金調達については第2節で詳しく解説します）。

a．**負債の部**

会社が行う資金調達のうち、将来的に返済する必要のあるものは**負債の部**に計上します。資産の部と同様、負債の部も**流動負債**と**固定負債**に区分されます。流動負債には買掛債務（支払手形や買掛金）や、1年以内に返済する必要がある借入金や社債などの債務を計上します。一方、固定負債には返済まで1年超ある借入金や社債などの債務を計上します。

買掛債務は売上債権の反対側に存在するものです。たとえば、A社において、B社からの部品購入代金を、後日まとめて支払う契約になっている場合、A社では未払い代金を買掛債務として流動負債に計上し、B社ではいまだ受け取れていない代金を売上債権として流動資産に計上することになります。

b．**純資産の部**

貸借対照表の右下にある**純資産の部**は、資金調達のうち、会社に帰属する（返済する必要のない）ものを計上します。具体的には、**資本金**や

図表1-1-2　売上債権と買掛債務の関係

＜前提＞A社は、B社から毎月部品を購入しており、購入代金は翌月15日までに支払う約束をしている。

		購入代金	A社の売上債権	B社の買掛債務
●月1日	B社から■を100円で100個購入	10,000	10,000	10,000
●月12日	B社から△を50円で500個購入	25,000	35,000	35,000
●月25日	B社から◆を70円で200個購入	14,000	49,000	49,000
×月5日	B社から△を50円で200個購入	10,000	59,000	59,000
×月15日（清算日）	A社からB社に●月分の購入代金（49,000円）を支払う	―	10,000	10,000

（出所）　筆者作成

利益剰余金などです。

　資本金は会社が発行した株式を購入した人（株主）が払い込んだ資金を指します。資本金は返済する義務がないため、会社にとって安定して使うことのできるお金になります。利益剰余金は、会社が稼いだ利益のうち、株主への配当などの支払いもすませた後に最終的に残ったもので、翌事業年度以降に会社が事業資金として活用できるお金です。

3　売上高と利益って何が違うの？（損益計算書：P/L）

　損益計算書は、ある1年間（事業年度）の売上高に対して、費用などがどれくらいかかったか、最終的に残った利益はいくらかなどを示すものです。企業決算の発表が相次いで行われる時期になると、新聞などで「××社は過去最高益」といった見出しをみることがあります。これは売上高ではなく、利益が過去最高であることを意味します（ただし、それが営業利益・経常利益・当期純利益のどれを指すのかは、記事の本文を読んでみないとわかりません）。

　また、「●●社は増収増益」という表現をしている場合は、売上高が

増えて利益も増えた、という意味になります。売上高が増えて利益が減った場合は「増収減益」、売上高が減って利益が増えた場合は「減収増益」という表現になります。売上高は増えて（減って）いるのに利益は減って（増えて）いるというと、違和感を覚える方もいるかもしれません。ここでは売上高からどのように利益が計算されていくのかを確認していきます。

(1) **売上高・営業利益**

損益計算書は、会社が商品の販売やサービスの提供などによって得た売上の合計である**売上高**から計算がはじまります。売上高から売上原価（商品の仕入や、原材料を購入するためにかかった費用）や、販売費および一般管理費（人件費・広告宣伝費・交際費・減価償却費など商品や製品を販売するためにかかった費用）を除いたものが**営業利益**です。

減価償却費は建物や車、機械、家具など、長期にわたり利用する固定資産について、時間の経過とともに減少する価値を費用として計上するものです。減少する価値の計算方法は資産ごとに規則で定められてお

図表１－１－３　損益計算書の主な構成項目とイメージ図

```
売上高
  －売上原価
  －販売および
    一般管理費
営業利益
  ＋営業外収益
  －営業外費用
経常利益
  ＋特別利益
  －特別損失
税引前当期純利益
  －法人税など
当期純利益
```

売上高 ─ －売上原価
　　　　　 －販売および一般管理費
営業利益 ─ ＋営業外収益
　　　　　 －営業外費用
経常利益 ─ ＋特別利益
　　　　　 －特別損失
税引前当期純利益 ─ －法人税など
当期純利益

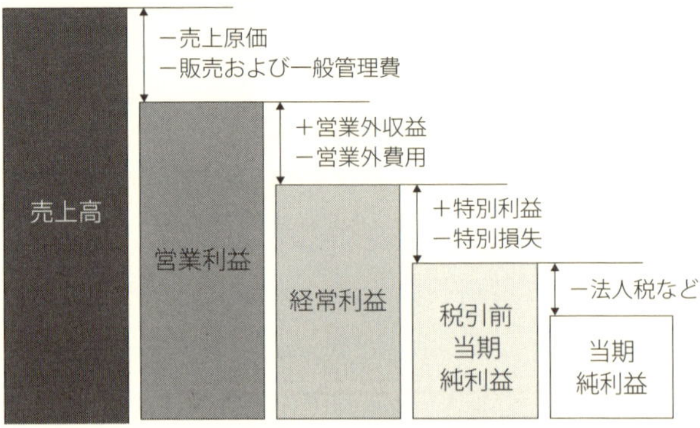

（注）　日本会計基準の場合。一部の上場企業などが採用する海外の会計基準（米国会計基準：USGAAPや国際会計基準：IFRS）においては経常利益がないなどの相違がある。
（出所）　筆者作成

り、使用期間（耐用年数）に応じて、一定の方法で分割して費用に計上することになります。ただし、固定資産の中でも、土地や有価証券などは減価償却の対象になりません。これらは売買価格の変動はあるものの、時間の経過によって古くなる（修理や買い換えが必要になる）ものではないためです。

⑵ 経常利益・当期純利益

会社を経営していると銀行からお金を借りて、その金利を支払うことがあります。また、海外に進出して子会社を設立すると、その利益を子会社からの配当という形で受け取ることもあります。このように、会社の事業活動以外から得た収益や支出は営業外収益・営業外費用として計上します。営業利益に営業外収益を加え、営業外費用を除いたものが**経常利益**です。

会社の事業とは別の要因で、一時的・偶発的に生じる損益を特別利益・特別損失といいます。具体的には、天災などにより工場や機械設備が毀損するなど、突発的に発生した損失や、不動産などの固定資産を売却して得た利益などです。経常利益に特別利益を加え、特別損失を除いたものが**税金等調整前当期純利益（税引前当期純利益）**です。また、企業に対しては法人税や住民税、事業税といった税金が課されます。税引前当期純利益から各種の税金を除いたものが**当期純利益**ということになります。当期純利益は、株主に配当として支払われたり、翌事業年度以降の事業資金になります（社内保留）。

4 利益が出ている＝お金がある、とは限らない（キャッシュフロー計算書）

キャッシュフロー計算書（CF計算書）は、会社の事業年度におけるお金の流れを示すものです。損益計算書の利益とは異なり、現金や預金といったすぐに使えるお金がどれくらい減ったか、増えたかを計算しま

す。たとえば売上債権・買掛債務のように、会社同士のお金のやりとりにはタイムラグが生じることがあります。また、減価償却が必要な固定資産を購入した場合、一度に費用として計上するのではなく、時間の経過とともに減少する価値を費用として計上するため、お金の出入りと費用の計上の時期がずれてしまいます。たとえば事業用の車の購入に300万円を支払ったとしても、購入した事業年度に損益計算書で費用として計上できるのは、50万円だけ、といったことが起こります。

会社を経営する上で、手元にあるお金の増減を把握することは非常に重要です。いくら損益計算書で利益が出ていても、手元のお金が不足し、取引先への支払いや、お金を貸してくれた人への利払い・返済が遅れてしまうと、その会社の信用は失われ、取引や資金調達に悪影響を及ぼし、最悪の場合、黒字でも倒産してしまいます（いわゆる**黒字倒産**）。

たとえば年間の売上高が400万円、費用が300万円かかっている会社が、先ほどの事業用の車を購入した場合、会計上は50万円の利益が出ます（400万円－50万円－300万円）。しかし、実際のお金の出入りを計算すると、200万円のマイナスですので（400万円－300万円－300万円）、200万円分の資金手当てができなければ会社は倒産してしまいます。

CF計算書は**営業活動によるキャッシュフロー**（営業活動CF）と**投資活動によるキャッシュフロー**（投資活動CF）、**財務活動によるキャッシュフロー**（財務活動CF）から構成されています（図表１－１－４）。

営業活動CFはプラスであれば、本業の稼ぎでお金が増えているといえます。投資活動CFは、基本的にマイナスであることが望ましいとされています。これは将来のために投資をしている企業のほうが、今後の成長が期待できるためです。ただし、単にマイナスであれば良いというわけではありません。本当に必要な投資なのか、手元に残るお金が足りなくなるような事態にならないか、という視点でみることも重要です。
財務活動CFは企業の成長過程に応じて見方が変わります。成長過程の

図表1-1-4　CF計算書の構成項目

営業活動による キャッシュフロー	事業活動に伴って発生するキャッシュフロー
	例）営業収入、原材料または商品の仕入による支出、 　　従業員の給与支払いによる支出、法人税等の支払いによる支出
投資活動による キャッシュフロー	将来に向けた投資活動に伴って発生するキャッシュフロー
	例）設備投資による支出、設備の売却による収入 　　他企業の買収（M&A）による支出、事業部門の売却による収入
財務活動による キャッシュフロー	資金調達・運用に伴って発生するキャッシュフロー
	例）銀行などからの借入による収入、借入の返済による支出、債券や 　　株式等の発行による収入、債券の償還・自社株買いによる支出 　　株式の配当支払いや借入・債券の利息支払いによる支出

（出所）　筆者作成

企業は、借入など資金調達が増える傾向にあり、財務活動CFはプラスになることが多いでしょう。一方、成長段階が終わり、安定した企業業績を上げているような企業は、借入の返済が増えてマイナスになることもあるでしょう。

　営業活動CFと投資活動CF、財務活動CFの合計がプラス（マイナス）になれば、事業年度の初めの時に比べ、事業年度末時点で手元のお金が増えている（減っている）ことになります。

5　会社をつくってみよう

(1)　創業段階の貸借対照表

　実際に会社をつくって事業を行うことを想定し、3つの財務諸表を作成してみましょう。たとえば、デザイン学校に通っているAさんが「スマートフォンケースをつくって販売してみよう」と考えたとします。

　Aさんが事業を行うために必要なものは、スマートフォンケースを作成するための原材料や、加工するための機械・工具です（作業場所は自宅、従業員は雇わないことを前提とします）。

図表1-1-5　Aさんの会社の貸借対照表

資産の部			負債の部		
流動資産			固定負債		
現預金	10万円	（③＋④－①－②）	借入金	30万円	④
原材料	20万円	①	純資産の部		
固定資産			資本金	30万円	③
機械・工具	30万円	②			
総資産	60万円		負債・純資産	60万円	

（出所）　筆者作成

それらを買い揃えるために必要なお金が、仮に①原材料の購入に20万円、②機械・工具の購入に30万円だったとします。必要な経費は全部で50万円（①＋②）ですが、③Aさんの手元には30万円しかありません。そこで、Aさんは手元のお金を会社の資本金に充当し、④親戚と知人からそれぞれ15万円（計30万円）、2年後に返す約束で借り、原材料や機械・工具を購入しました。

ここまでの情報をもとに、Aさんの事業に関連する資産と資金調達の状況を貸借対照表に表したものが図表1－1－5です。いちばん下の欄の左側に資産の部の合計（総資産）が、右側に負債の部・純資産の部の合計（負債・純資産）が記載されています。会社は調達した資金で資産を購入しているわけですから、この金額は同じになる必要があります。

⑵　事業開始から1年経過（損益計算書とCF計算書）

a．損益計算書

Aさんは購入した原材料と機械・工具を用いてスマートフォンケースを500個作成しました。インターネットで、1つ1,000円で販売したところ、1年間で400個販売できました。

事業をはじめてから1年間経過した段階の損益計算書を作成してみましょう。売上高は⑤1,000円×400個＝40万円です。発生した主な費用は、原材料の購入にかかった①20万円と、②機械・工具などの購入にかかった30万円です。しかし、①のうち損益計算書上費用として計

図表1−1−6　Aさんの会社の損益計算書

項目	金額	記号
売上高	40万円	⑤
売上原価	16万円	⑥
販売費および一般管理費	10.6万円	⑦+⑧+⑨
営業利益	13.4万円	
営業外収益	0万円	
営業外費用	0.3万円	⑩
経常利益	13.1万円	
特別利益	0万円	
特別損失	0万円	
税引前当期純利益	13.1万円	⑪
法人税等	3万円	⑫
当期純利益	10.1万円	⑬

出所）筆者作成

上できるのは、販売できた分の原材料費である、⑥20万円÷500個×400個＝16万円だけです。また、機械・工具に関しても、一度に費用として計上するのではなく、何年かに分けて計上しますので（減価償却、今回は機械・工具を5年かけて償却すると仮定）、⑦30万円÷5年＝6万円のみを費用として計上します。このほか、細かい出費として、⑧ネットショップの運営に月3,000円×12カ月＝3.6万円、⑨商品を梱包するための資材を購入した費用1万円、⑩親戚と知人から借りているお金の利息0.3万円（年1％と仮定）、⑫法人税等を3万円支払ったとします。

ここまでの条件をもとに損益計算書を作成すると、当期純利益は⑬10.1万円となります。

b．CF計算書

ⅰ）営業活動CF

次にCF計算書です。創業前の状態を起点に、収入と支出を整理していきます。

営業活動CFの計算の起点は損益計算書の税引前当期純利益⑪13.1万円です。損益計算書はお金の流れを示すものではないため、税引前当期純利益の算出の過程には、お金の出入りに関係ないものも含まれており、中身を整理する必要があります。

税引前当期純利益からお金の出入りを調整する項目として、まずあげられるのが減価償却費です。先ほど⑦6万円を計上しましたが、実際の支払額ではありませんので、税引前当期純利益に足し戻します。ま

図表1-1-7　Aさんの会社のCF計算書

営業活動CF		
税引前当期純利益	+13.1万円	⑪
減価償却費	+6万円	⑦
棚卸資産の増加	▲4万円	⑭
支払利息	+0.3万円	⑩
小　　計	15.4万円	
法人税等の支払額	▲3万円	⑫
利息の支払い	▲0.3万円	⑩
営業活動CF	=12.1万円	⑮
投資活動CF		
機械・工具の購入	▲30万円	②
投資活動CF	=▲30万円	⑯
財務活動CF		
資本金	+30万円	③
借入	+30万円	④
財務活動CF	=60万円	⑰
営業活動CF＋投資活動CF＋財務活動CF	=42.1万円	⑱

（注）　営業活動CFの算出方法は直接法・間接法の2通りあるが、一般的には間接法で計算するため、ここでも間接法を採用している（最終的な計算結果は同じ）。また、支払利息は財務活動CFに計上する方法もあるが、一般的には営業活動CFに計上することが多いため、ここでも営業活動CFに計上している。また、法人税や利息は実務上、費用計上と支払いのタイムラグが発生する。そのため、CF計算書上では「損益計算上の数値を足し戻し、実際に支払った額を引く」という計算を行う。

（出所）筆者作成

た、原材料費の購入に①20万円支払っていますが、そのうち売れ残った100個分は現金化できておらず、損益計算書上でも売上原価は⑥16万円しか計上されていません。このため、棚卸資産（在庫）の増加分（500個－400個＝100個）の資産価値（1個当りの原価が20万円÷500個＝400円なので、400円×100個＝4万円）を除きます。単純に考えれば、20万円支払っているのに費用として計上されているのは⑥16万円のみですので、実際に支払った金額との差額（4万円）を営業活動CFから除くと考えればよいでしょう。

以上により、最終的な営業活動CFは⑮12.1万円となります。

ⅱ）投資活動CF・財務活動CF

投資活動CFは機械・工具の購入にかかった②30万円を計上します。投資活動CFは設備や建物・土地の購入など、投資のために支払った金額をマイナスで計上し、設備や建物・土地の売却などで得た収入をプラスで計上します。

財務活動CFには調達した資金として、資本金（③30万円）と、借入（④30万円）の合計、⑰60万円を計上します。

営業活動CF、投資活動CF、財務活動CFを合計したキャッシュフロー合計（現金および現金同等物の増減額）は⑱42.1万円ということになります。

(3) 1年後の貸借対照表

損益計算書とCF計算書の計算結果から、創業から1年経過した後の貸借対照表がどのように変化したかみていきましょう。

まず資産の部ですが、現預金は、先ほど計算したキャッシュフローの合計値である⑱42.1万円になります。原材料はすべて使って製品化したので0円ですが、売れ残り（在庫品）を⑭4万円計上します。機械・工具は②30万円から減価償却分（⑦6万円）を控除した24万円です。負債・純資産の部は、借入金を返済していないので負債はそのまま、会社

が稼いだ当期純利益（⑬10.1万円）は翌期以降の企業活動の原資となりますので、利益剰余金として純資産の部に計上します。総資産／負債・純資産の合計は事業開始前の60万円から10.1万円増加し、70.1万円となります。

図表1-1-8　事業開始1年後の貸借対照表

資産の部			負債の部		
流動資産			固定負債		
現預金	42.1万円	⑱	借入金	30万円	④
原材料	20万円－20万円＝0円		純資産の部		
在庫品	4万円	⑭	資本金	30万円	③
固定資産			利益剰余金	10.1万円	⑬
機械・工具	24万円	②－⑦			
総資産	70.1万円		負債・純資産	70.1万円	

（出所）　筆者作成

Column 会社を続けるにはどのくらい売ればいい？

　事業を行う上では、どれくらい販売すれば利益が出るかを事前にある程度計算しておく必要があります。たとえば、①１つの製品を作成するために原材料費が200円かかるとします。②人件費や設備投資にかかる費用（減価償却分）、広告宣伝費など、その他の経費が年間で100万円かかるとします。①の原材料費は販売個数に応じて増減する費用ですので「変動費」といい、②の人件費や設備投資にかかる費用、広告宣伝費などは販売個数にかかわらず発生する費用ですので、「固定費」といいます（人件費には残業代など一部変動費に含まれるものがあります）。

　仮に製品を１つ1,000円で販売する場合、原材料費を引くと１個800円が残りますが、固定費の100万円÷800円＝1,250個を販売しないと固定費をまかなうことができません。つまり、販売個数が1,250個を上回れば利益が出ますし、下回れば損失が発生します。この損益の分かれ目のことを「損益分岐点」といいます。製品の価格設定を変えれば損益分岐点も変化します。もっと高い値段でも売れそうだと予想し、1,200円で販売するのであれば1,000個が損益分岐点になります。一方、値段を下げないと売れないだろうと予想し700円で販売するのであれば、2,000個が損益分岐点になります。

　　1,200円で販売する場合　100万円÷（1,200円－200円）＝1,000個
　　　700円で販売する場合　100万円÷（700円－200円）＝2,000個

　通常、販売価格を低く（高く）設定すれば販売個数は増える（減る）ので、販売価格×販売個数がいちばん大きくなると予想されるところで価格設定をすることになりますが、そもそもどのくらい売れば利益が出るのか、ということをきちんと認識することが会社を続ける上では重要になります。

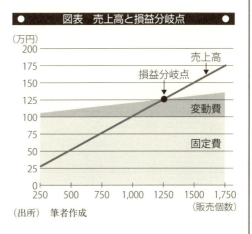

図表　売上高と損益分岐点

（出所）　筆者作成

Section 2
何をするにもお金はかかる
資金調達手段と財務戦略

1 事業計画と予算を立てよう

　第1節でみてきたとおり、事業をするにはさまざまなお金がかかります。このお金はどのように調達していけばいいのでしょうか。第2節では資金調達について考えていきたいと思います。

　「これはビジネスになる！」と、良いアイディアが浮かぶと、すぐに製品をつくりはじめたり、サービスを提供したくなりますが、無計画にはじめてしまうと、思ったより費用がかかってしまい、当初用意していたお金が足りなくなったり、販売が伸びず資金繰りに行き詰まってしまうかもしれません。

　まずは、いつまでにどのような事業を展開したいのか整理した上で、必要となる経営資源（人員や設備など）や、目標とする販売額などを盛り込んだ**事業計画**を立てます。その上で、いつどの程度のお金が必要になるか**予算**を立てて、資金調達を行うことになります。

　金融機関からお金を借りる場合、借り手は金融機関に金利を支払います。金利は、借りてから返済する日までの日数（借入期間）が長いほど、高くなることが一般的です。借入期間が長いほど、返済の不確実性が高まるためです。

　では、借入期間は短いほうが良いかというと、必ずしもそうとは限り

ません。たとえば、工場建設のための資金を調達するような場合です。建設が終わって工場が稼働し、売上の増加などに結びつくまでには時間がかかります。借入期間を1年以内などに設定してしまうと、返済のための資金確保ができないという事態になりかねません。設備投資や企業買収など、成果が出るまでに相対的に長い期間を要するような投資は、長期借入金や株式発行などで行うことが望ましいでしょう。

一方、原材料の購入に必要なお金や人件費など、日々の事業運営に必要なお金のことを**運転資金**といいますが、運転資金は短期借入金が適当といえるでしょう。

走るのをやめてしまうと倒れる自転車になぞらえ、日々の資金繰りをどうにかやりくりして、ギリギリの状態で経営を続けることを「自転車操業」といったりします。資金の調達方法と使い道が合っていないと、この「自転車操業」に陥ってしまいます。会社を倒産させないためには、事業計画をしっかり立て、それを実現するための予算を考え、そのお金の使い道に沿った資金調達をすることが求められます。

2 会社が安定して使えるお金を確保しよう

(1) 株式発行

会社はまず設立時に、お金を払い込んでもらった人（出資者）にその対価として株式を発行します。この払い込んでもらったお金のことを**資本金**といいます。株式は、事業を拡大するなどの理由で資金調達したいときに追加で発行することも可能です。これを**増資**といいます。

基本的に、資本金は返済する必要のないお金で、会社にとっては長期にわたり安定して使えるお金ということになります。会社を設立したばかりの段階では経営者が自分のお金を会社の資本金として払い込むことが一般的ですが、親族や知人、従業員などに出資者になってもらうこと

も多いようです。事業が軌道に乗り、会社の規模が大きくなってくれば、増資により金融機関や取引先、ベンチャーキャピタルなどの投資家から出資を受けられる可能性もあります。

　法律上、資本金は1円でもかまいませんが、資本金は一般的に大きければ大きいほど取引先や金融機関から信用してもらいやすくなります。たとえば、ある会社が「1,000万円の事業資金があります」といっても、その中身が「資本金が1円でそれ以外は借入」と「資本金が500万円で借入が500万円」では、会社の信用力が異なります。資本金は原則返済しないお金ですが、借入はどこかの時点で返済をしなければならないので、一般的には資本金が多いほうが資金繰りは安定し、倒産する可能性も相対的に低いといえます。

　ただし、株式発行は、証券取引所に上場しているような知名度の高い会社を除き、親族や知人以外の出資者を見つけることが難しい資金調達手法です。

　総務省統計局が公表している「平成28年経済センサス―活動調査」で日本の会社の資本金の額の分布をみると、資本金1,000万円未満が半

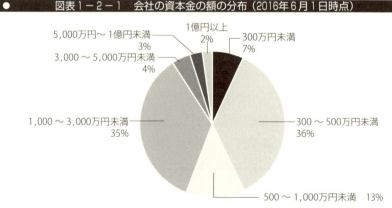

図表1-2-1　会社の資本金の額の分布（2016年6月1日時点）

（出所）　総務省統計局「平成28年経済センサス―活動調査」より筆者作成

数以上を占めています。一般的に、資本金1億円以上の会社は「大企業」といわれますが、全体に占める割合は2%にすぎません。

(2) 事業で稼いだお金（社内留保／利益剰余金）

事業で稼いだお金も、会社が長期にわたり安定して使えるお金です。**利益剰余金**は会社が稼いだ利益の中から、株主配当などを支払い、最終的に会社に残ったもの（**社内留保**）の蓄積で、会社が事業活動のために使えるものです。内部留保という言い方をすることもあります。

会社が事業で稼いだお金は、出資者である株主に配当などで還元することが求められます。一方で、会社が「このお金を設備投資などに使えば、いまよりもっと成長できる」と考え、株主の同意を得れば、社内に留保して事業のために使うことが可能です。

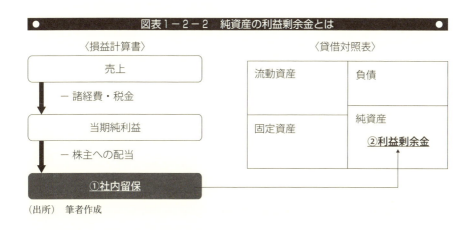

図表1-2-2　純資産の利益剰余金とは

（出所）　筆者作成

3 足りないときは他の人から借りよう

(1) 金融機関からの借入

一般的に、事業を拡大するためには、新たに人を雇ったり、仕入を増

やしたり、生産を増やすための設備投資をするといった先行投資が必要になり、資金が不足する事態も起こり得ます。出資をしてくれる人がいれば良いですが、先ほど述べたとおり増資は簡単にできるものではありません。そこでよく利用されるのが、銀行や信用金庫、信用組合などの金融機関からの**借入**です。

　金融機関からお金を借りる場合、あらかじめ決められた条件に従って金利を支払い、返済期日に借りたお金を返済することになります。この金利は、主に市場金利と会社の信用力によって決定されます。市場金利は、市場の資金需給を反映した金利で、経済や物価などの動向により変化します。金融機関同士でお金を貸し借りする際の金利や、長期国債の金利などが参考指標となります。

　金融機関は、この市場金利をもとに、会社の信用力を判断し、お金を貸す金利を決定します。信用力の低い会社に対しては高い金利で、信用力の高い会社に対しては低い金利で融資をすることになります。会社の信用力とは、言い換えれば会社の返済能力です。金融機関は、会社の現在の財務状況に加え、今後事業から得られる見込みのお金がどのくらいあるのか、といったことなどを審査し、会社の信用力を判断します。

　なお、借りる金額や期間によっても金利は変化します。1,000万円を1年間借りる場合と、1億円を5年間借りる場合では、後者のほうが

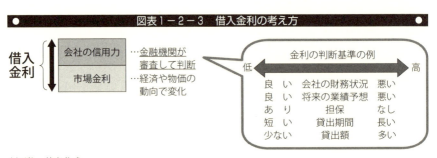

図表1-2-3　借入金利の考え方

（出所）　筆者作成

返済の不確実性が高まるためです。また、金融機関に担保に差し入れると、借入がしやすくなったり、より低い金利で借りられたりします。担保とは、借りたお金を返せなくなったときに、代わりに金融機関に提供するものです。提供するものとしては、土地や建物など会社が保有する資産や（物的担保）、保証人の信用力（人的担保）などが一般的です。近年は在庫品や売掛金、機械設備などを担保に借入する「動産担保融資（ABL：Asset Based Lending）」も注目されています。

⑵ **社債発行**

借入に似た資金調達方法の１つとして、**債券**の発行があげられます。債券は資金調達を目的に発行する証券で、借入と同じように支払う金利や満期日（返済日）が決まっています。債券は発行する主体によって名称が変わり、会社であれば**社債**、国であれば**国債**、地方公共団体であれば**地方債**と呼ばれています。

借入は基本的に金融機関と会社の間で個別に契約を交わしますが、債券発行は複数の投資家から同じ条件で資金調達をすることになります。また、借入であれば、融資をしてくれる金融機関に対してだけ情報開示を行えばよいのですが、債券発行の場合は債券購入を考える投資家に、広く情報開示をする必要があり、相対的に手間とコストがかかります。一方、債券は借入に比べて売買が容易であり、お金を出す側（金融機関や投資家）にとっては換金しやすい面があります。

借入と同様に、債券の金利も経済や物価の動向などで変化します。また、会社の信用力、発行条件（発行金額・満期日までの期間など）によっても変化します。借入の場合は金融機関が会社の信用力を審査・判断しますが、債券の場合は金利の支払いや元本返済の確実性を審査する**格付機関**があります。日本では日本格付研究所（JCR）や格付投資情報センター（R&I）、海外ではMoody'sやStandard and Poor's、Fitch Ratingsがよく知られています。格付機関が審査した"格付"は、投資家の判断材

料として用いられ、格付が高いほど、返済の確実性が高いとされるため、金利は低くなることが一般的です。格付に使う記号は各社で異なるケースもありますが、基本的に格付が最も高いのがAAA、最も悪いのがDとなっています。一般的にはBBB以上の債券は相対的にリスクの低い「投資適格債」、BB以下の債券は相対的にリスクの高い「投資不適格債」と呼ばれます。

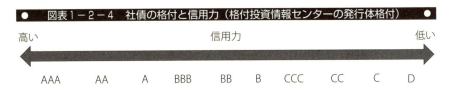

図表1-2-4　社債の格付と信用力（格付投資情報センターの発行体格付）

（注）　それぞれの格付に"＋"、"－"がつくことがあるが、＋は上位格付に近く、－は下位格付に近いことを意味する。
（出所）　格付投資情報センターウェブサイトより筆者作成

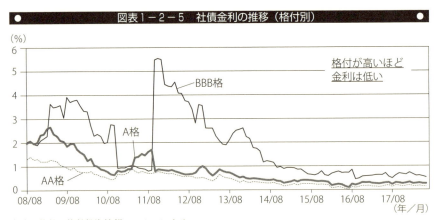

図表1-2-5　社債金利の推移（格付別）

（注）　格付は格付投資情報センターによる。
（出所）　日本証券業協会「公社債店頭売買参考統計値」を参考に筆者作成

4 借入以外の方法でお金をつくる

(1) 保有資産をお金にする

a. 資産の流動化（証券化）

会社が資金調達する方法は借入や社債・株式の発行だけではありません。会社の信用力ではなく、会社が保有する資産の稼ぐ力を使って資金調達する手段もあります。債権の金利収入、不動産の賃料収入、知的財産のライセンス料といったように、資産から発生するキャッシュフローを担保に、**資産担保証券（ABS：Asset Backed Securities）** を発行して資金調達をすることもできます。

たとえば、特許権を持つ会社がこの方法を利用する場合、会社はまず**特別目的会社（SPC：Special Purpose Company）** を設立し、特許権を譲渡します。SPCはその名のとおり特別な目的のために設立する会社です。今回のSPCの目的は特許権のキャッシュフローをもとにお金を調達することです。SPCは特許権の対価を会社に支払います。SPCは特許権を買うお金を調達するため、ABSを発行し、投資家に販売します。

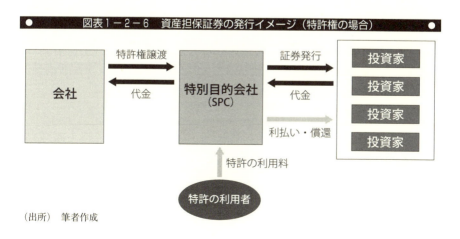

図表1-2-6　資産担保証券の発行イメージ（特許権の場合）

（出所）　筆者作成

このような資金調達手法を、**資産の流動化**（もしくは**証券化**）といいます。資産の流動化のメリットは、資産がお金を稼ぐ力を、会社の信用力と切り離せるところです。会社の信用力に基づいて資金を調達するより、キャッシュフローがある程度確実に見込める資産を持つSPCが資金を調達するほうが、資金調達に伴うコストが抑えられる場合などに利用されます。資産の流動化は、SPCを利用する以外にも、信託銀行などに資産を信託する方法もあります。

b．リース、セール＆リースバック

　新たな資金調達ではありませんが、機械設備などを買うのではなく、借りる（**リース**）ことで、資金繰りを安定させる方法もあります。機械設備などの購入は一度に多額の資金が必要になりますが、リースは定期的に利用料を支払えばよいので、まとまった金額が手元になくても利用することができます。

　購入代金を金融機関から借りて、少しずつ返済すればリースと同じではないか、と考えることもできますが、金融機関は無限にお金を貸してくれるわけではありません。他のことでお金が必要になったときに貸してもらえなくリスクもあります（実際に金融機関から借りるか、リースを利用するかの選択にあたっては、金融機関に支払う金利＋機械設備の購入代金と、リース料総額の比較も含めて検討することになります）。

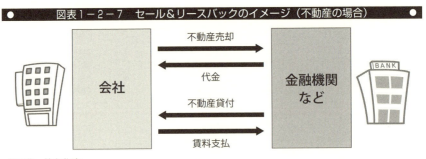

図表1－2－7　セール＆リースバックのイメージ（不動産の場合）

（出所）　筆者作成

また、保有している資産を金融機関などに売却し、売却先から借りることで、その資産の利用を継続する方法を、セール＆リースバックといいます。たとえば、一時的にまとまった金額が必要になった場合など、本社として利用しているビルを売却して売却代金を得ます。本社ビルは売却先から貸してもらう（賃料を払う）ことで、利用を継続します。賃料は発生しますが、どうしてもお金が必要なときや、キャッシュフローを改善したいときなどに有効な手法といわれています。

⑵　**事業をお金にする**

a．**M&A**

　資産流動化は会社の資産の稼ぐ力に基づいて資金調達する手法ですが、事業の稼ぐ力に基づいて資金調達する方法もあります。会社同士が合併したり、会社が別の会社を買収することを**M&A（Merger and Acquisition）**といいますが、M&Aには会社の中の一部の事業を売却するケースもあります。

　たとえば、ある会社で家庭向けの冷蔵庫とエアコンを製造していたとします。法人向けのエアコン製造も手掛けたいけれどもお金がない、というような場合、冷蔵庫事業だけを売却して、その売却資金を法人向けのエアコン製造に振り向けることが考えられます。

　こうした事業譲渡は、従業員や資産（生産設備など）を直接譲渡することもあれば、子会社を設立してその事業を子会社に移し、その子会社の株式を売却するという方法もあります。

b．**プロジェクトファイナンス**

　事業の稼ぐ力に基づいて資金調達する方法の２つ目は、**プロジェクトファイナンス**です。たとえば、ある会社で新規事業の立上げを計画したと仮定します。その新規事業の将来性に対する投資家の期待は高いのですが、現在のその会社の業績が芳しくない、もしくは財務体質がぜい弱であるため、投資家や金融機関が出資や融資をするのをためらってい

図表1-2-8　プロジェクトファイナスのイメージ（太陽光発電）

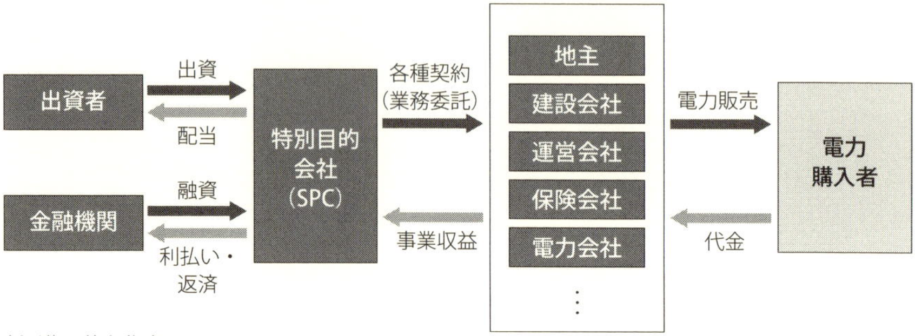

出資者 →出資/←配当→ 特別目的会社（SPC） →各種契約（業務委託）→ 地主／建設会社／運営会社／保険会社／電力会社 →電力販売→ 電力購入者

金融機関 →融資/←利払い・返済→ SPC ←事業収益← （各社） ←代金← 電力購入者

（出所）　筆者作成

る状況です。このような場合、SPCを設立し、そのSPCに新規事業を切り出せば、会社の信用力ではなく、新規事業の信用力に基づいて、投資家や金融機関が出資や融資をするかどうかを判断することになり、資金調達できる可能性が出てきます。

(3) 資産の圧縮によるコスト削減

資産流動化（証券化）の利用などにより資産を圧縮することは、資金調達に伴うコストを抑えることにもつながります。

銀行から借入をして原材料を買う、出資を受けて本社ビルを建設するなど、会社の資産は何らかの形で資金を調達して形成されていきます。こうした資金調達にはさまざまなコストが発生します。たとえば、借入や社債の発行は金利を支払う必要があり、株式の発行は配当の支払い、もしくは株式価値の向上（株式を譲渡したときに売却益が発生する状況になること）が求められます。資金調達をすればするほど、会社が支払うコストも増えていくのです。これは裏を返せば、資産が減れば資金調達が不要になり、会社が支払うコストも減るということになります。

もちろん、会社が保有する資産は基本的に事業に必要なものであり、削減可能なものは限られます。しかし、これまでみてきたように、資産の流動化やセール＆リースバックを活用するといった方法で資産の圧縮

を図ることも可能です（図表１－２－９）。

　また、売掛金や在庫品を減らすことも資産の削減につながります。売掛金は取引先と交渉して支払日を早くしてもらえば減らすことができ、在庫品は生産管理を徹底することで減らすことができます。生産管理はトヨタ自動車の「かんばん方式」が有名です。トヨタ自動車は「ジャスト・イン・タイム（必要なものを、必要なときに、必要なだけ）」を実現するため、「何がどれだけ使われたか」を「かんばん」というカードで管理し、つくり過ぎの無駄や部品を置くスペースの無駄などの削減に取り組みました（いまはカードではなく、電子データのやりとりになっています）。こうした取組みは、売掛金が回収不能になるリスクや、過剰な在庫品を抱えるリスクを減らすことにもつながります。

図表１－２－９　資産の圧縮によるキャッシュフロー改善の例

（億円）

流動資産（80）	負債（150）
現預金	流動負債
売掛金	短期借入金
在庫品	固定負債
etc…	②**長期借入金**
固定資産（120）	社債
設備	etc…
①**土地**	純資産（50）
建物	資本金
投資有価証券	利益剰余金
etc…	etc…
総資産　200	負債・純資産　200

→

（億円）

流動資産（80）	負債（120）
現預金	流動負債
売掛金	短期借入金
在庫品	固定負債
etc…	社債
固定資産（**90**）	etc…
設備	純資産（50）
投資有価証券	資本金
etc…	利益剰余金
	etc…
総資産　170	負債・純資産　170

①土地・建物についてセール＆リースバックを利用し、売却代金30億円を得る。
②売却代金を長期借入金の返済に充当。

③土地・建物の賃料が年間5,000万円発生するが、長期借入金の利息（年間5,500万円）の支払いがなくなり、キャッシュフローが改善。

（出所）　筆者作成

共感を集めてお金も集める

　従来、金融機関や投資家にとって、投融資（お金を貸したり、有価証券を購入すること）の判断基準となるのは、支払われる利子や配当などの金銭的なリターンでした。金銭的なリターンがリスク（会社が倒産してお金が返ってこないリスク、有価証券の価値が下がってしまうリスクなど）に見合っているかを考慮して、投融資するか決定するのです。

　しかし、近年では個人を中心に、利子や配当といった金銭的リターンのみでなく、「環境問題を解決したい」「地元企業を応援したい」「好きなアーティストを支援したい」といった動機に基づいて投融資する動きがみられます。代表的なものがクラウドファンディングです。クラウドファンディングは群衆＝Crowdと、資金調達＝Fundingを組み合わせた用語です。不特定多数の人から広く資金調達することを指し、主に以下の類型があります。

図表　クラウドファンディングの主な類型

類型	お金の流れ	お金の出し手にとってのリターン
①貸付型・ファンド型	投資者は仲介事業者の組成するファンドに投資	投資者が出したお金はファンドから事業者等に融資／出資が行われる。事業者等からの利息・配当の支払いはファンドを通じて投資者に行われる
②株式投資型	投資者は仲介業者を通じて株式を購入	投資者は投資先企業の議決権を持ち、投資先企業から配当を受け取る。株式価値が高まれば売却により譲渡益が得られる
③購入型	投資者は仲介業者を通じて会社にお金を払い込む	会社は払い込まれたお金を原資に製品を開発し、完成品を購入者に納品する
④寄付型		製品等の受取りや金銭的リターンを前提としない

（出所）　筆者作成

　貸付型・ファンド型や株式投資型は金銭的リターンを求める面もありますが、クラウドファンディング全体の傾向として、金銭的なリターンよりそのプロジェクトに対する共感がお金を出す動機になっているといわれています。

　株式投資型などの例外もありますが、クラウドファンディングでお金を調達する場合、基本的にお金を調達する側は、その使い道を提示した上でお金を集めます。たとえば「新しい機能を持った●●をつくりたい」「この地域の活性化のために映画をつくりたい」、といった具体的な使い道です。その使い道がお金の出し手に共感されれば、クラウドファンディングを通じてお金を集めることが可能になるのです。クラウドファンディングはまだ成長段階ではありますが、仲介業者が地域金融機関と協業する動きもあり、着実に裾野は広がっているようです。

Chapter 2

会社を大きくするためには

Section 1

ビジネスにリスクはつきもの
リスクマネジメント

1 リスクはどこにあるのか

　事業を広げていく過程では、働く人を増やしたり、新たに設備や機材を購入したりすることも多くなります。会社が大きくなってくると、人や社会と接する場面が広がるため、さまざまな要因が事業の成果に影響を与えるリスクも高まります。リスクについては、いろいろな見方や定義がありますが、ここでは、事業に好ましくない影響を与える要素という程度に理解しておくことにします。前章で学んだ財務諸表の面からみると、会社に関わるリスクは、会社の利益を減らす可能性がある要素と言い換えることもできるでしょう。

　たとえば、小麦粉やバターなどを仕入れて、パンを焼いて売る店（株式会社こんがり製パン：架空の会社です）を経営しているとしましょう。いつもと同じように品質の高い商品を提供していても、近隣の競争相手が新商品を開発したり、安売りセールを行ったりすると、パンの売上が落ち込んでしまう可能性があります。費用の面でも、小麦粉やバターの値段が上がったり、人件費や店の家賃が上昇したりすると、店の利益は縮小してしまいます。倉庫に置いてある原材料の品質が劣化して使えなくなったり、パンを焼くオーブンが壊れたりすれば、損失が発生して利益を減らすことにつながります。

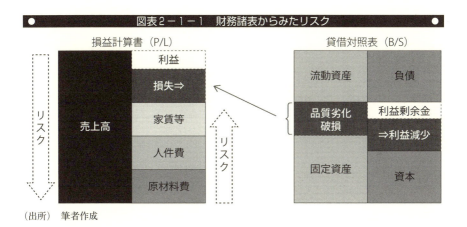

(出所) 筆者作成

　店が繁盛していて、パンの生産量を増やすような場合でも、仕入れる量を大きく増やしたり、店舗を広げたりする時に、パンの売上代金を回収する前に、原材料や家賃などの支払い期限が来てしまうと、一時的に手元にある現金が不足して支払いができず、いわゆる"**黒字倒産**"に陥ってしまうこともあり得ます。このように、事業はいつでもリスクと隣り合わせにあるといえます。しかし、会社を大きくしていこうとすれば、むやみにリスクをおそれるだけでなく、リスクと上手に向き合っていかなければなりません。そのためには、会社の仕事のどの部分にどのようなリスクがあるのか、そして、その影響はどのくらいの大きさなのかを知っておく必要があります。事業のリスクを洗い出し、リスクを評価するプロセスは「**リスクアセスメント**」と呼ばれ、多くの会社で実施されています。たとえば、こんがり製パンの場合でも、パンが完成してお客様の手に渡るまでの工程を詳しくみると、さまざまなリスクを発見することができそうです（図表2－1－2）。

　発見したリスクは、実際にそのことが起きた場合（**顕在化**）の影響はどのくらいの大きさになるのか（**影響度**）、一定の期間に何回ぐらい起きるのか（**発生頻度**）などの基準で、ランク付けすることができます。

図表2-1-2　こんがり製パンのリスクアセスメント（例）

工程分類	項目	発生する事象	影響度 ランク	発生頻度 発生状況	発生頻度 ランク	発生原因
原材料	輸送	車内でバターが溶ける	1	夏場に月1回程度	3	保冷器具の不具合
原材料	保管	原材料の消費期限切れ	3	年1回程度	2	販売見通しの誤算
製造	工程	パン職人のケガ	6	数年に1回程度	1	製造工程の変更
製造	機器	不良品の発生	5	セール日：月3回程度	5	オーブンの連続使用
販売	陳列	商品棚から商品が落下	2	毎日数回程度	6	陳列トレーの形状不備
販売	顧客	つり銭の間違い	4	セール日：月1回程度	4	顧客数の増加

（出所）筆者作成

　影響度や発生頻度によるランク付けについては、すべての会社に当てはまるルールがあるわけではなく、その会社の事業の特性や規模にあわせて、何をリスクとして認識するのか、影響度や発生頻度をいくつの段階に分けるのかなどを決めることになります。影響度や発生頻度でランク付けしたリスクを、1つの図にまとめて表してみると、会社が抱えているリスクの全体像を「**見える化**」することができます（図表2-1-3）。リスクを見える化しておけば、対応するべきリスクの優先順位がわかりやすくなり、具体的な予防策も立てやすくなります。近年では、リスクの顕在化を未然に防ぎ、起きてしまった事態にも適切に対応するために、リスクマネジメントの専門部署を置く会社も増えています。

　以前は、勘や経験に頼る部分が多かったリスクアセスメントも、計測技術やセンシング機能などの進歩によって、大きく変わりつつあります。大きさや重さ、色や形などを速く正確に測定できれば、不良品を検出する精度を高めることができます。製造機器などから出る音や振動、温度などをモニターしていれば、故障や事故などを未然に防げる場合も

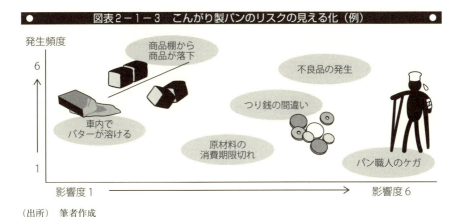

図表2－1－3　こんがり製パンのリスクの見える化（例）

(出所)　筆者作成

あります。会社が行っている事業を理解して、検出するべきデータを選び出し、そのデータを分析できる人材は、ますます重要になっていくと考えられます。

2 リスクと上手に付き合う

　事業に関わるリスクを洗い出し、影響度や発生頻度などでランク付けしても、何も手を打たなければ、リスクは小さくなりません。とはいえ、すべてのリスクに対して、同じように費用や時間をかけて対応することも、会社を経営する上では現実的とはいえません。リスクの大きさをもう少し定量的に表すことができれば、対策の効果が大きい項目から順に、優先順位をつけて対応することもできそうです。たとえば、こんがり製パンのリスクアセスメントの結果について、リスクの影響度を損失金額に、発生頻度を年間の発生回数に置き換えて、その2つを掛け合わせた「リスク値」として計算してみると、他のリスク項目に比べて、「商品棚から商品が落下」することによる損失が大きいことが見えてきます（図表2－1－4）。

一方、リスクが顕在化したときの影響は、必ずしも金銭的な損失として表せるわけではありません。企業への信頼やブランドイメージを損なうようなリスクは、顕在化したときの影響を予測して、定量化しておくことは簡単ではありません。また、通常は起きないような事態でも、多数の人命に関わるようなリスクであれば、費用や時間をかけてでも、対策を講じておくことが望まれます。さまざまなリスクに対して、重要性や優先順位を考慮しながら対策を立て、その対策を実施していくプロセスは「**リスクコントロール**」と呼ばれ、リスクマネジメントの中核的な部分ともいえます。リスクコントロールでは、リスクアセスメントで洗い出されたリスクに対して、以下のようなパターンに分けて対応している会社が多いようです。

(1) 排除・回避

　繰り返し発生する可能性があり、顕在化したときの影響が大きいリスクに対しては、リスク要因がある活動そのものを中止してしまうという判断もあり得ます。たとえば、製造物責任が問われるような製品の製

図表2-1-4　こんがり製パンのリスクの定量化（例）

リスク項目	影響度 ランク	a 金額換算 （万円／回）	発生頻度 発生状況	ランク	b 年間換算 （年n回）	リスク値 a×b
車内でバターが溶ける	1	1	夏場に 月1回程度	3	3	3
原材料の消費期限切れ	3	1	年1回程度	2	1	1
パン職人のケガ	6	20	数年に1回程度	1	0.33	6.6
不良品の発生	5	0.5	セール日： 月3回程度	5	36	18
商品棚から商品が落下	2	0.1	毎日数回程度	6	1000	100
つり銭の間違い	4	0.2	セール日： 月1回程度	4	12	2.4

（出所）筆者作成

造・販売を中止したり、政情不安が起きている国のビジネスから撤退したりする例などがあげられます。

(2) **予防・低減**

繰り返し発生する可能性がある場合でも、影響度がそれほど大きくないリスクについては、リスクが顕在化することを未然に防ぐための予防策を実施し、発生時の影響をできるだけ小さくできるように、事前に手を打っておくことが有効になります。リスクの発見や予防・低減には、実際のオペレーションに携わる人々の工夫や努力も大きく貢献するため、業務改善活動などに力を入れる会社は少なくありません。

(3) **許容・保有**

発生頻度が低く、影響度も小さいリスクについては、損失の発生を必要経費の一部とみなして、特別な対策をとらない選択もあり得ます。金銭的な損失だけであれば、損失額を上回るような費用をかける必要はないという判断です。ただし、発生頻度や影響度は、周辺の環境などによって必ずしも一定ではないため、継続的にモニタリングし、リスクの状況を把握しておくことは必要になります。

(4) **移転・分散**

自然災害や重大事故のように、通常は起こらない事態や予測が難しいリスクについては、保険などに加入して、リスクが顕在化したときの金銭的な損失を社外に移転しておく場合もあります。不測の事態に備えて、同業者の間で準備金を積み立てておくことなどもこのパターンに含まれます。保険商品やデリバティブ商品などの金融の仕組みを利用して、リスクをコントロールする手法は、「**リスクファイナンス**」とも呼ばれますが、**FinTech**の発達などに伴って、リスクファイナンスを活用できる範囲はさらに広がっています。

リスクコントロールは、リスクアセスメントで洗い出された当初の影響度や発生頻度（**初期リスク**）に対して、事業の特性や規模に合った対

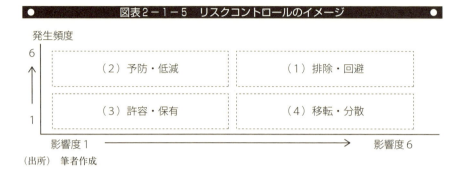

策をとり、会社が受け入れられる種類や大きさのリスク（**残存リスク**）に置き換えるプロセスともいえます。

$$\boxed{初期リスク} - \boxed{リスクコントロール} = \boxed{受け入れられる範囲の残存リスク}$$

　事業を広げて会社を大きくしていく過程では、リスクを防御的にとらえるだけでなく、戦略的にリスクを取ることも求められます。新製品の開発や新たな事業への参入、国内外での企業買収や海外進出など、いままでとは違う種類や大きさのリスクを取ることで、新たに収益を得る機会が広がる可能性もあります。そのような場面では、先行きや見通しが不確実だからこそ、大きな利益を得るチャンスが広がるとも考えられます。リスクマネジメントは、リスクを適切な範囲にコントロールしながら、利益を最大化する挑戦といえるかもしれません。

3 リスクマネジメントの広がり

　事業に関わるリスクは、会社の中で行う製造や販売などの業務に関わるものだけとは限りません。こんがり製パンの例でも、水や電力、ガスなどは社外から供給され、小麦粉やバターなどの原材料も社外から調達

しています。オーブンなどの製造機器や調理器具、レジの機械、陳列トレーなども、他の会社が製造した製品を購入することになります。日々の連絡には、情報通信会社が提供するサービスを経由する必要があり、販売代金の受取りや購入代金の支払いには金融機関を利用するかもしれません。

　事業の規模が大きくなると、原材料や部品などの調達だけでなく、製品の配送や広告、顧客情報の管理などでも、外部の人や組織と関わることが増えてきます。製品やサービスを提供するための一連のつながりは「**サプライチェーン**」と呼ばれますが、外部の人や組織の力を有効に活用できれば、会社の経営効率を高めることが期待できます。会社が事業を行うために必要な**経営資源**は、主に「**ヒト**」「**モノ**」「**カネ**」「**情報**」の要素に分類できますが、専門化や分業化が進む現代では、社外の経営資源を積極的に活用する会社は増えています。

　しかし、納入された原材料や部品に不良品が含まれていたり、外部に委託した設計や検査のデータに不備があったりすれば、品質の低い製品や欠陥製品を製造してしまうこともあり得ます。共同研究の相手先や顧客情報の委託先から、研究データや個人情報などが流出すれば、新製品がつくれなくなったり、お客様に迷惑をかけたりすることにもなりかね

図表2－1－6　サプライチェーンと社外との関わり（例）

ヒト	共同研究	人材派遣	管理・運転	教育・訓練	苦情処理	梱包・運転	
モノ	試作品製造	原材料・部品	倉庫・物流	製造機器・器具	販促・展示	保温・保冷	
	製品開発商品企画	調達	輸送保管	製造	販売	配送	お客様
カネ	開発資金	購入資金	代金決済	購入資金	代金決済	代金決済	
情報	委託研究	新製品情報	配送情報	製品検査	顧客情報	配達情報	

（出所）筆者作成

ません。社会から信頼される規模になった会社は、社外の経営資源を活用する場合にも、活用する経営資源の質や相手先の行動などについて、一定の責任を負うことになります。

　社会から信頼されている会社には、製品やサービスの質を確保するだけでなく、量の面でも安定した供給が期待されるようになります。製品やサービスを提供する範囲が広がり、日々の暮らしや他の会社の事業などにも欠かせないものになってくると、その期待はやがて社会的責任のようにみなされてきます。一定の量を安定して供給するためには、工場や生産設備などを複数の地域に配置したり、原材料やエネルギーを調達するルートを複線化・分散化したりする対策なども必要になります。

　たとえば、工場を新設する際に、電力、ガス、水道などの系統が異なる地域を選択しておけば、災害時にも、他の工場が稼働できる確率は高まります。また、小規模の事故や災害などの影響を小さくするためには、自家発電装置や蓄電池を設置したり、ガスや水を備蓄しておいたりすることも有効でしょう。事業所間の連絡手段を確保するためには、情

図表2-1-7　会社を取り巻くさまざまなリスク

自社内の業務に関わるリスク	火災、交通事故、労災事故、設備故障、環境汚染、盗難、伝染病
	不良品等に伴うリコール、製造物責任、損害賠償、不正会計
	知的財産権侵害、独占禁止法・公正取引法違反、インサイダー取引
	システム障害、個人情報漏えい、セクハラ・パワハラ、労働法違反、等
社外との関係に関わるリスク	取引先の経営破たん、原材料・部品等の納入遅延、不良品の納入
	交通事故・渋滞、列車遅延、電気・ガス・水道の供給障害、伝染病
	債務不履行・不法行為、贈収賄、サイバーテロ、情報漏えい、等
経済・社会に関わるリスク	景気変動、為替変動、物価変動、金利変動、金融危機、労働力不足
	政策変更、税制変更、人口減少、一極集中／過疎化、インフラ老朽化
	異常気象、反社会的勢力、SNS等による情報拡散、風評被害、等
海外の要因に関わるリスク	政情不安、政権交代、政策・制度変更、経済危機、債務不履行
	テロ・治安の悪化、住民とのトラブル、労働問題、反日／不買運動
	気候変動、自然災害、インフラ不足、景気・為替・物価・金利変動、等

（出所）筆者作成

報通信の系統を複線化しておくことも必要かもしれません。製造工程で使う原材料や部品の調達ルートも、複線化や分散化を検討する対象になります。事業を安定して継続するためには、サプライチェーン全体に目配りして、事前に対策を立てておくことが重要です。

　事業がさらに大きくなり、海外にも展開する規模になってくると、自社のサプライチェーンに関わる範囲のリスクだけでなく、経済情勢の変化や為替レートの変動、相手国の規制や税制の変更なども、会社の利益に大きく影響を与える要素になります。会社の活動範囲が広がれば、自然災害や気候変動、テロやパンデミックなどの影響を受ける可能性も高まります。会社を大きくしていく過程では、事業を取り巻く環境の変化にあわせた視点や発想でリスクアセスメントを行い、具体的なリスクコントロール策を講じていくことが必要になります。

4 リスクマネジメントと危機管理

　リスクが顕在化したときの影響は、時間、性質、規模などによって大きく異なります。インフルエンザの感染が広がるような場合でも、10人が順に感染するケースに比べて、10人同時に感染するケースのほうが、仕事への影響は深刻になります。台風が接近するような場合でも、その大きさや特徴などによって、雨・風・波などによる被害は異なります。自然災害が広域で発生するようなケースでは、想定していない種類や規模の被害が発生することもあり得るでしょう。

　リスク顕在化の影響が、リスクマネジメントの範囲を上回るような場合には、「**危機管理（Crisis Management：クライシスマネジメント）**」が必要になります。危機管理では、平常時の組織やオペレーションの枠を超えて、危機の影響を最小化するために行動することが求められます。大規模な自然災害のように、想定を超えるような事態でも、被害を

極力抑え、平常時の営みを取り戻す復活力は「**レジリエンス**」と呼ばれますが、レジリエンスを高めるためには、社会全体でその取組みを担っていくことが重要です。

　自然災害などによって危機管理が必要な事態では、生存の維持や安全の確保をはじめ、会社や顧客の資産の保全、業務の継続・復旧、地域社会との相互支援などを考慮して行動することが求められます。水や電力などの供給が早期に再開されなければ、生存や生活を維持することが難しくなります。医薬品や日用品などが手に入らない期間が長引けば、弱い立場の人々がつらい思いをすることにもなりかねません。社会インフラや生活必需品などに関わる組織には、必要最小限の業務を継続できる体制を準備しておき、可能な限り早期に完全復旧することが望まれます。危機管理の対応は、時間との戦いという面もあるため、事前に危機発生時の行動や事業を継続するため体制などについて「**事業継続計画(BCP：Business Continuity Plan)**」を立てておくことも必要になります（図表2-1-8）。

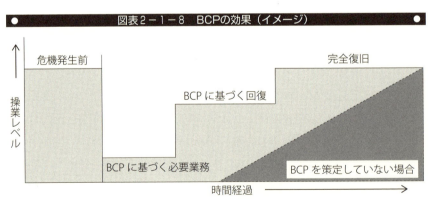

図表2-1-8　BCPの効果（イメージ）

（出所）　筆者作成

東日本大震災以降、事業戦略の中で事業継続の要素を考慮しておくことの重要性が改めて認識され、2017年度では大企業の60％以上がBCPを策定しています（図表２－１－９）。事業活動に関わるサプライチェーンが長く、幅広くなってきた今日では、製品やサービスを提供する各段階で、外部の経営資源に依存することは少なくありません。また、最終製品を製造する主要企業を中心としてきたサプライチェーンの構造（ピラミッド構造）は、特定のメーカーに原材料や部品などの供給元が集中する構造（ダイヤモンド構造）や供給ルートが複雑化した構造（メッシュ構造）に変化しているともいわれています。原材料や部品などが円滑に調達できなければ、危機発生以前と同じように事業活動を続けることは難しくなり、社会への影響が拡大していきます。事前にサプライチェーンの参加者が話し合い、優先する製品やサービスを決めて対応策を準備しておくことで、いざという時のレジリエンスを高めていくことが期待されます。

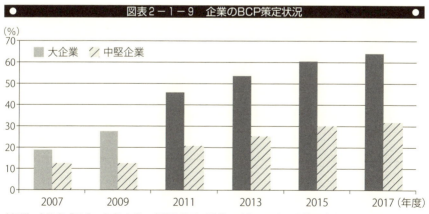

図表２－１－９　企業のBCP策定状況

（出所）内閣府「平成29年度 企業の事業継続及び防災の取組に関する実態調査」より筆者作成

Column 去年と同じではいけませんか？

　毎年、同じ時期に、前の年と同じ仕事を、同じやり方で進めるような会社に、成長や進歩は期待できません。同じような仕事をするときでも、「どうすれば、効率よく短い時間で仕上げられるか」「どうすれば、より良い製品やサービスを提供できるか」などを考えながら進めれば、成果の質を高めるだけでなく、やりがいにもつながります。

　会社を取り巻く環境は、時々刻々、変化しています。経済や社会の動きはもちろんですが、新しい技術を取り入れた同業他社が、知らぬ間に生産効率を高めているような場合にも、競争環境は変わってきます。科学技術が急速に発達している今日では、会社の資産や情報をねらって、新たな手口で攻撃が仕掛けられれば、こちらも最新の技術で対抗しなければならないでしょう。攻めの面でも守りの面でも、会社やそこで働く人たちには、日々進化していくことが求められています。

　品質の向上やリスクマネジメントの強化などに向けて、計画（Plan）を立て、その計画を実施（Do）し、実施した結果や実施する過程でみられた課題などをチェック（Check）して、さらに改善を進める行動（Act）につなげる一連の取組みは、「**PDCAサイクル**」と呼ばれ、多くの会社でこの仕組みが採用されています。専門分野の知識や論理的な思考を備えた理系人材が、PDCAサイクルを活用しながら、さまざまなアイディアを生み出せば、去年のやり方を改善するだけでなく、革新的なイノベーションを引き起こすこともできそうに思えます。

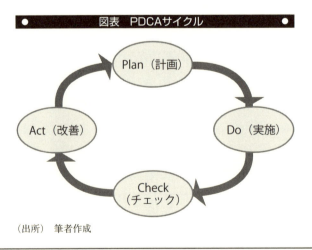

図表　PDCAサイクル

（出所）　筆者作成

Section 2 会社のことを決める
コーポレートガバナンス

1 会社は誰のものか

　個人で事業を行う場合、事業のための取引も、個人の名義で契約することになります。事業から生まれる利益は個人のものになりますが、損失が発生した場合も、個人が負担しなければなりません。一方、会社をつくって事業を行う場合には、取引は会社名義で契約することができ、事業に関わる利益や損失は会社のものになります。会社が事業を行うことは、当たり前のようにも思えますが、自ら考えたり行動したりすることができない「会社」が、取引などを行えるのはなぜでしょうか。

　法律は個人（**自然人**）だけでなく、法律に基づいて設立された組織や団体（**法人**）が、その目的の範囲内で、権利や義務の主体になることを想定しています。法律で認められた法人には、地方公共団体や独立行政法人、労働組合やNPO法人など、さまざまな種類がありますが、「会社」は「**会社法**」に基づいて設立された法人です。会社に関する法律は、商人や商行為などについて定めた「商法」に含まれていましたが、2005年に会社に関わる部分が切り出されて「会社法」が制定され、2006年から施行されています。会社法は2014年に見直しが行われ、この改正は2015年から施行されています。

　会社法では、4つの形態の会社（**合名会社**、**合資会社**、**合同会社**、**株式**

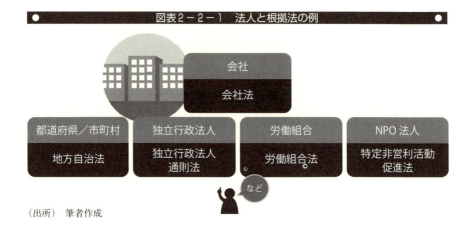

図表2−2−1　法人と根拠法の例

（出所）　筆者作成

会社）が認められています（図表2−2−2）。合名会社は、個人の事業に共同事業者が加わったようなケースで利用されますが、この形態の会社では、事業に伴う債務を返済する責任は、社員の個人財産にも及びます（**無限責任社員**）。ちなみに、会社法でいう「**社員**」とは、会社で働いている人（従業員）ではなく、会社に出資している構成員を指します。無限責任社員に対して、出資金を払い込む責任を負うだけの社員は「**有限責任社員**」といいます。合資会社は無限責任社員と有限責任社員とで構成されますが、会社法の施行に伴って、株式会社が設立しやすくなったこともあり、社員の全員または一部が無限責任を負う「合名会社」や「合資会社」が、新たに設立されることは多くないようです。

合同会社は、米国で採用されてきた「**有限責任会社（LLC：Limited Liability Company）**」の仕組みをモデルとして、2006年から日本にも導入されたものです。合同会社の社員はすべて有限責任ですが、社員が出資した金額に関係なく、提供した技術やアイディア、事業への貢献度などに応じて利益を分配できるなど、会社運営の自由度が高い点に特徴があります。これらの形態の会社（**持分会社**）は、社員相互の人的なつながりが比較的強く、信頼関係が会社の基礎にもなっているため、社員

図表2-2-2 会社の種類と主な特徴

	持分会社			株式会社
	合名会社	合資会社	合同会社	
出資者（社員）の責任	無限責任	有限責任＋無限責任	有限責任	有限責任＝株主
社員の地位の譲渡	原則として他の社員の同意が必要（譲渡制限）			原則自由
会社形態の特徴	社員相互の信頼関係を基礎として成立	社員相互の信頼関係を基礎として成立	米国のLLCがモデル 運営の自由度が高い	不特定多数の人から多額の資金を集めやすい
意思決定の最高機関	社員総会（社員の合議）			株主総会

（出所）　筆者作成

としての地位を譲渡するためには、原則として、他の社員の同意を得る必要があります（**譲渡制限**）。会社に出資している人（社員）と実際に事業を行う人が、ほぼ同じということも多いため、このような形態の会社は「社員のもの」といえるかもしれません。

　不特定多数の人から資金を集められる形態の株式会社では、株式を買った有限責任の社員（**株主**）は、事業の運営や管理などを経営者に任せることが一般的です（**所有と経営の分離**）。株主の立場からみれば、株式という形で会社の一部を所有していることになるため、「会社は株主のもの」ということになるでしょう。一方、実際に事業を行っているのは、経営者や従業員であるため、「会社は経営者や従業員のためのもの」とも考えられます。会社の事業が大きくなって、人々の暮らしや他の組織の事業などにも欠かせないものになってくると、「会社は社会のためのもの」という見方も出てきます。株式会社の場合、会社は誰のものかという問いについては、「会社は誰が所有しているのか」という視点と「会社は誰のためにあるのか」という視点の両面から考えていく必要がありそうです。

2 会社を動かす仕組み

　会社に出資した株主は、出資した目的に合うように、会社が行動してくれることを期待するはずです。そのような期待は、どうすれば経営者や従業員に正しく伝わり、会社を動かしてくれるでしょうか。株式会社では、株主総会が意思決定の最高機関であり、事業の運営や管理を任せる経営者（**取締役**）は株主総会で選任されます。株主総会では、取締役の行動（職務執行）をチェックする**監査役**を選任することもできます。

　株主総会などの仕組みや取締役・監査役などの役割を担う人たちは、会社の「**機関**」と呼ばれています。会社の機関として、どのような仕組みを置くのか（**機関設計**）については、それぞれの会社が選べることになっていますが、**大会社**（資本金5億円以上、または負債200億円以上）や**公開会社**（譲渡制限のない株式を発行する会社）などに対しては、会社法で一定のルールが定められています。証券取引所に上場するような会社では、たいてい以下のような機関設計が採用されています。

(1) 監査役会設置会社

　会社法の規定では、小さな会社は1人で設立することができ（1人会社）、資本金を1円とすることも可能です。しかし、実際に会社を設立しようとする場合には、複数の人が関わり、ある程度の資本金を用意することが多いようです。株主総会では、複数の取締役や監査役を選任できるので、会社の規模が大きくなると、取締役会や監査役会を置くことも多くなります。取締役会が設置されている会社では、会社を代表する機関として代表取締役が選定されます。監査役会設置会社では、監査役は3人以上必要で、その半数以上は社外監査役（社内昇格等ではなく、社外から就任）でなければなりません。

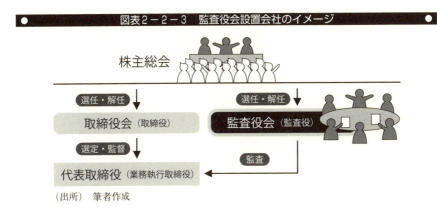
図表2-2-3 監査役会設置会社のイメージ
(出所) 筆者作成

(2) 指名委員会等設置会社

会社法が商法に含まれていた時代に、業務執行機能と経営監督機能を分離（**執行と監督の分離**）して、経営の透明性を高めることを目的として、「委員会等設置会社」という機関設計が導入されました。この仕組みは2006年の会社法施行時に「委員会設置会社」に名前が変わり、2015年の会社法改正からは「指名委員会等設置会社」と呼ばれています。各委員会の委員は、取締役会の決議によって、取締役の中から選定されます。指名委員会は取締役の選任や解任に関する株主総会の議案を決め、報酬委員会は執行役等が受け取る個人別の報酬などを決定し、監査委員会は執行役等の職務執行の監査などを行います。3つの委員会はそれぞれ3人以上の委員（取締役）で構成され、各委員会の過半数は**社外取締役**でなければなりません。この機関設計では、会社の業務は取締役会が選定した代表執行役（執行役）が行うことになります。

(3) 監査等委員会設置会社

(1)の監査役会設置会社では、監査役は取締役会のメンバーではないため、社外から監査役を選任（**社外監査役**）しても、その知識や意見などが会社の意思決定に反映されにくい面もみられました。そこで、2015年の会社法改正では、取締役で構成される「監査等委員会」を置く機関

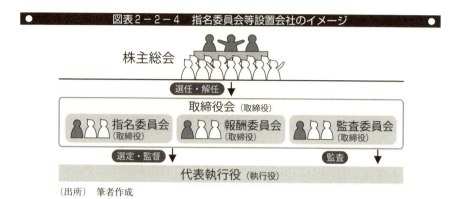

図表2-2-4　指名委員会等設置会社のイメージ

(出所)　筆者作成

設計が導入され、取締役の選任や報酬の決定などにも関与できるようになりました。監査等委員会の委員になる取締役は、業務執行を行う取締役とは区別して選任され、業務執行の役割を兼ねることはできません。監査等委員会は3人以上の取締役で構成されますが、その過半数は社外取締役が占める必要があります。

　2003年から導入されてきた(2)には、複数の委員会を置くことや、すべての委員会で過半数の社外取締役が必要になることなど、日本の会社にとっては導入しにくい面もあったようです。一方、2015年からスタートした(3)は、社内から出世して取締役になることが多い日本の会社でも受け入れやすく、(1)に比べると監督機能の強化が期待できる点などに特徴があり、この機関設計を採用する会社は増えています。

　(2)と(3)の機関設計では、どちらも2人以上の社外取締役が必要になりますが、会社の関係者や取締役の親族などは社外取締役とは認められないため、限られた人たちによる意思決定や業務執行をけん制する機能が高まることが期待されています。2015年の会社法改正では、公開会社である大会社に対して、(1)の監査役会設置会社であっても、社外取締役を置かない場合は、株主総会で「社外取締役を置くことが相当でない理由」を説明することを求めています。このような社会からの要請を反映

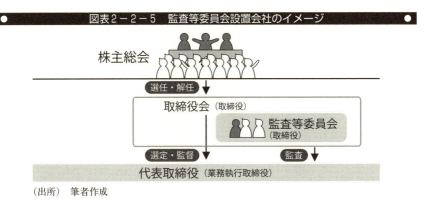

図表2-2-5 監査等委員会設置会社のイメージ

(出所) 筆者作成

して、社外取締役を選任する上場会社の比率が高くなり、1社当りの社外取締役の人数も増加しています。

3 会社を正しく動かす

　会社を動かす仕組みが用意できると、次の段階としては、決められた方針やルールに基づいて、実際に会社を正しく動かしていくことが期待されます。会社は、利益を上げることを目的としていますが、「利益を最大化するためなら何をしてもよい」はずはありません。会社法は、取締役会を設置する大会社に対して、会社を正しく動かすための**内部統制システム**について、取締役会で決定することを義務づけています。内部統制システムには、法令・定款への適合（**コンプライアンス**）や損失の危険の管理（リスクマネジメント）のほか、情報の管理や報告に関する体制などの要素も盛り込まれています。

　経営者や従業員による法令違反が重大な不祥事を招いたり（**コンプライアンス・リスク**）、リスクマネジメントの不備が法令違反につながったりする例は少なくありません。リスクマネジメントとコンプライアンスは、会社を正しく動かす上で、相互に関連する重要な要素といえます。

また、会社の財務状況が適正に開示されない事例や、未公表の事実を利用した株式売買で利益を得ようとする事件（**インサイダー取引**）なども後を絶ちません。会社を正しく動かすためには、

　　リスクマネジメント ＋ コンプライアンス ＋ 情報（開示）

がキーワードになると覚えておいても良さそうです。

　証券取引所に上場しているような会社は、財務状況や**コーポレートガバナンス**の状況に関する情報などを定期的・継続的に開示しています。また、会社が株式の発行や資本金の減少、新規事業への参入や事業再編などを決定した場合（**決定事実**）や、事故・災害などによって損害が発生した場合（**発生事実**）など、会社経営に大きな影響を与える可能性がある内容については、タイムリーに情報を開示（**適時開示**）することも求められます。内部統制システムに関する情報開示としては、情報の適正性を確保するための体制について評価した報告書（**内部統制報告書**）を提出することが、金融商品取引法で義務づけられています。

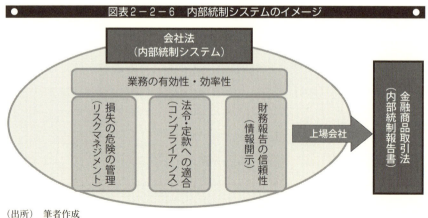

図表2－2－6　内部統制システムのイメージ

（出所）　筆者作成

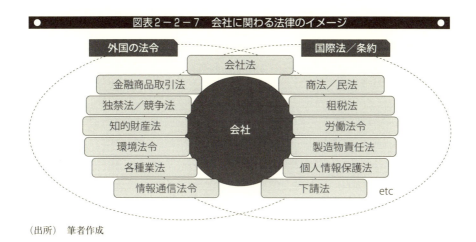

図表2-2-7 会社に関わる法律のイメージ

(出所) 筆者作成

　会社法や金融商品取引法に限らず、会社が事業を行う上では、さまざまな法令や制度に目配りする必要があります。事業の規模が大きくなり、関係する人や組織の範囲が広がってくると、順守すべき法令や制度も多くなります。海外との取引や海外進出に乗り出す場合には、国内だけでなく、相手国の法令や制度、国際的な条約などにも配慮することが必要になります。すべての法令を読んだり、個別の条文を記憶したりすることは難しそうですが、社会的責任を担う会社やその従業員には、法令や制度の背景にある考え方を理解して、法令を順守する意識（コンプライアンス意識）を持って行動することが期待されています。

4 会社を良くする視点

　会社にとって、リスクマネジメントやコンプライアンスなどのディフェンスサイドが重要なことは理解できますが、それだけでは発展や成長は期待できないようにも思えます。会社は将来にわたって事業を継続していくこと（**ゴーイングコンサーン**）を前提としていますが、変化す

る社会の中で発展や進歩がなければ、時代に取り残されて存在意義を失うことにもなりかねません。「企業統治」と訳されることも多い「コーポレートガバナンス」ですが、そこには健全なディフェンスサイドを確保した上で、未来に向けて果敢に挑戦し続けるオフェンスサイドの取組みが期待されていると考えられます。

　2013年に政府が閣議決定した「日本再興戦略 -JAPAN is BACK-」は、20年以上続いた経済の低迷から抜け出すために、すべての経済主体が挑戦する気概を持って、成長に向けて取り組むことの重要性を強調しています。また、経営者の前向きな取組みを、株主が積極的に後押しするようなコーポレートガバナンスの見直しが必要であることも指摘しています。このような動きを受け、2014年には「『責任ある機関投資家』の諸原則 ≪日本版スチュワードシップ・コード≫ ～投資と対話を通じて企業の持続的成長を促すために～」が策定されました。

　スチュワード（Steward）は執事や管財人のことで、スチュワードシップは委託を受けた人が担う責任というような意味ですが、ここでは、資金の運用を委託された機関投資家が、その資金の持ち主である顧客や受益者に対して果たすべき責任を指しています。多額の資金を持つ株主として、会社の意思決定に大きな影響を与える機関投資家には、顧客や受益者の利益と投資先の会社の立場を考えながら、建設的な「目的を持った対話」（エンゲージメント）などを通じて、会社の価値向上や持続的成長を促すことが期待されています。日本版スチュワードシップ・コードは、2017年5月に見直しも実施され、これまでに投資信託会社や投資顧問会社、年金基金や生保・損保会社など、多数の機関投資家から受け入れが表明されています。

　機関投資家について、日本版スチュワードシップ・コードが策定されたことなどを受け、投資先となる会社についても、2015年に「**コーポレートガバナンス・コード ～会社の持続的な成長と中長期的な企業価**

図表２−２−８　日本版スチュワードシップ・コードが示す原則

1	機関投資家は、スチュワードシップ責任を果たすための明確な方針を策定し、これを公表すべきである
2	機関投資家は、スチュワードシップ責任を果たす上で管理すべき利益相反について、明確な方針を策定し、これを公表すべきである
3	機関投資家は、投資先企業の持続的成長に向けてスチュワードシップ責任を適切に果たすため、当該企業の状況を的確に把握すべきである
4	機関投資家は、投資先企業との建設的な「目的を持った対話」を通じて、投資先企業と認識の共有を図るとともに、問題の改善に努めるべきである
5	機関投資家は、議決権の行使と行使結果の公表について明確な方針を持つとともに、議決権行使の方針については、単に形式的な判断基準にとどまるのではなく、投資先企業の持続的成長に資するものとなるよう工夫すべきである
6	機関投資家は、議決権の行使も含め、スチュワードシップ責任をどのように果たしているのかについて、原則として、顧客・受益者に対して定期的に報告を行うべきである
7	機関投資家は、投資先企業の持続的成長に資するよう、投資先企業やその事業環境等に関する深い理解に基づき、当該企業との対話やスチュワードシップ活動に伴う判断を適切に行うための実力を備えるべきである

（出所）　金融庁スチュワードシップ・コードに関する有識者検討会「『責任ある機関投資家』の諸原則≪日本版スチュワードシップ・コード≫〜投資と対話を通じて企業の持続的成長を促すために〜」（改訂版：2017年5月29日）より筆者作成

値の向上のために〜」が策定されました。このコードは、株主や顧客、従業員や社会など、会社の活動に関わる**ステークホルダー**の立場をふまえ、会社が適切な意思決定を行うための原則を取りまとめています。このコードが示す内容は、取締役会等の責務や株主との対話、株主の権利・平等性の確保のほか、適切な情報開示と透明性の確保、株主以外のステークホルダーとの適切な協働などにも及んでいます。このコードも、コーポレートガバナンス改革をより実質的なものへと深化させていくことを目的として、2018年6月に改訂版が公表されています。

　このように機関投資家や会社については、コーポレートガバナンスを高め、深化させる取組みが進められていますが、会社やその活動に関わるステークホルダーは、株主や経営者だけではありません。資金の提供者や機関投資家、取引先や消費者なども加わって、会社の価値を高め、社会の富を大きくしていく関係は、**バリューチェーン**や**インベストメン**

トチェーンなどと呼ばれています。

　会社の日々の仕事は従業員が行っているため、従業員の一人ひとりが正しく行動し、会社を良くしていこうとする姿勢は重要です。従業員は、経営者や他の従業員の行動を会社の内部からみることができるため、会社が適切に行動しているかどうかをモニタリングできる立場にいます。日々の仕事を進める上で、問題のある原材料や部品の仕入先を変更したり、不適切な商品やサービスに関わる会社への販売を止めたりすれば、サプライチェーン全体を正しく動かしていくこともできそうです。

　消費者として行動するときにも、人権侵害や環境問題などにつながる商品を買わないようにしたり、多少高くても望ましい商品を優先して購入したりすることを心がければ、社会的責任を果たそうとする会社を支援することにつながります。年金や保険などに加入している人は、機関投資家を通じて間接的に会社を所有していることになるため、望ましくない会社に投資しないように働きかけることもできそうです。「会社は社会のためにある」と考えるならば、それぞれのステークホルダーが、自覚と責任を持って主体的に行動することが重要といえるでしょう。

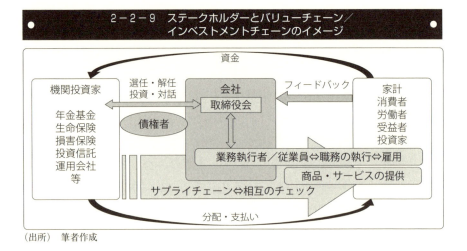

2-2-9　ステークホルダーとバリューチェーン／インベストメントチェーンのイメージ

（出所）筆者作成

Column どうすれば正解ですか？

　内部統制などに関わる法令や制度は、機関設計の違いや大会社・上場会社などの区分によって、それぞれ適用されるルールに異なる部分があります。順守するべきルールも、法律の条文などに書かれた強制力を伴うルール（**ハードロー**）だけでなく、業界団体などが自主的に決めた行動規範的なルール（**ソフトロー**）などにも広がっています。また、ルールは強制的に適用されるだけでなく、選択の余地を認めた上で、「ルールに従うか、従わない場合はその理由を説明することを求める（**コンプライ・オア・エクスプレイン**）」というケースも増えています。一方、技術革新や社会の変化などが目まぐるしい今日では、将来の出来事を想定して、あらかじめルールを決めておき、個々の事例に当てはめていくやり方（**ルール・ベース**）には限界もありそうです。

　予測が難しい状況に対応していくためには、尊重するべき原則や規範への理解を共有して、個々の主体が適切な選択をすることが重要と考えられています（**プリンシプル・ベース**）。プリンシプル・ベースでは、個々の主体の自由度は高まりますが、ルールに基づいてお墨付きをもらったり、当局に監督や指導をしてもらったりすることは期待しにくくなります。現実の社会で起きる出来事は、複雑で多様で、その上変化も速いため、広い視野と深い洞察力を持って、何が大切かを考えながら、自ら選択することを求められる機会は増えていきそうです。

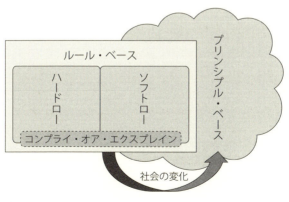

（出所）　筆者作成

Chapter 3

会社の価値をどう測るか

Section 1 投資家は会社をどうみている？
企業の価値

1 上場会社ってどんな会社？

(1) 上場会社は証券取引所の審査をクリアした会社

会社の資金調達手段の1つである株式発行ですが、株式という言葉を聞いて多くの人がイメージするのは「証券取引所で売買されている金融商品」かもしれません。

証券取引所で売買されている株式は、収益性や健全性、コーポレートガバナンスや内部管理体制などの観点から、証券会社による引受審査と、証券取引所による上場審査を受け、その結果証券取引所が上場を承認した会社の株式です。日本には**東京証券取引所**のほか、**名古屋証券取引所、札幌証券取引所、福岡証券取引所**の4つの証券取引所がありますが、最も規模が大きいのは東京証券取引所で、2017年度末時点で3,607社が上場しています。

図表3-1-1 東京証券取引所の市場別上場会社数

第一部	第二部	マザーズ	JASDAQ スタンダード	JASDAQ グロース	Tokyo PRO Market	合計
2,081	516	245	702	40	23	3,607

(注) 2017年度末時点の数値。
(出所) 日本取引所グループ「上場会社数・上場株式数」より筆者作成

東京証券取引所には**第一部、第二部、マザーズ、JASDAQ（スタンダード・グロース）、Tokyo PRO Market**の5つの市場があります。これらの市場に上場するためには、それぞれの市場ごとに設けられている株主数や時価総額（上場時の見込み）などの形式基準を満たした上で、上場審査をクリアする必要があります。形式基準の水準が相対的に高く、また上場審査も厳しいのは第一部で、次いで第二部となります。マザーズおよびJASDAQ（スタンダード・グロース）は、形式基準の水準が相対的に低く設定されており、将来の成長が期待されるベンチャー企業の上場を想定した**新興市場**です。Tokyo PRO Marketはその名のとおり、機関投資家などの特定投資家（プロ投資家）向けの市場です。

新興市場に上場している会社が成長し、一定の条件を満たせば、第二部や第一部に市場変更をすることもあります。また、上場廃止基準も設けられており、証券取引所が上場していることが適切でないと判断した会社は、**上場廃止**となることもあります。

⑵ **あえて上場しない会社もある**

知名度の高い会社の株式であれば、すべて証券取引所で売買できそうな印象がありますが、実際には、非上場の会社も少なくありません。たとえば、旅行会社のJTB、ゼネコンの竹中工務店、不動産デベロッパーの森ビル、生活用品の製造・販売のアイリスオーヤマなどは、知名度は高いですが、証券取引所には上場していません（2018年8月末時点）。

会社にとって証券取引所に上場する主なメリットは、①一般投資家から広く資金調達することが可能になる、②市場の監視（証券取引所の審査・モニタリングなど）を受けていることから社会的な信用が高まる、③知名度が向上する、といったことがあげられます。また、既存株主にとっても、保有株式が換金しやすくなるというメリットがあります。証券取引所には多様な投資家の注文が集まるため、売買注文が成立しやすくなり（流動性の向上）、透明性の高い、公正な株価で取引をすることが

可能となります。

会社で働く役員や従業員(以下、役職員)にとっても、働いている会社の知名度が高くなることは仕事をする上でのモチベーションにつながります。また上場前に報酬の一部として**ストック・オプション**を付与されている役職員であれば、上場により金銭的な利益も得られる可能性があります。ストック・オプションとは、あらかじめ決められた価格(権利行使価格)で自社の株式を購入できる権利です。上場前に付与されるストック・オプションは、一般的に権利行使価格が低めに設定されており、上場後に権利行使をすると、市場価格より安く自社の株式を購入することができます。権利行使価格で入手した自社の株式を市場価格で売却すれば、その差額分を利益として得ることができます。

一方で、上場会社になるデメリットとしてよくあげられるのは、①経営の自由度が制限されること、②上場に伴うコストがかかること、の2点です。①に関しては、非上場であれば、創業者や、身近な関係者

図表3−1−2 上場企業と非上場企業の主な違い

	上場企業	非上場企業
株式発行による資金調達	・証券会社を通じて一般投資家から広く資金調達ができる	・創業者や会社の関係者、特定の投資家からの資金調達に限られる
株式の売買	・証券取引所を通じて容易に行える	・取引相手を見つけたり、価格を算定することが難しい
財務諸表等の開示	・会社法のほか、金融商品取引法や証券取引所の規則などで情報開示が求められている。四半期ごとに開示	・会社法による情報開示
経営の自由度	・さまざまな投資家が株主になるため、企業と株主、株主間での見解の相違が起こり得る ・証券取引所規則に従う必要がある(コーポレートガバナンス体制の整備など)	・株主が創業者や会社の関係者など限られるため、経営の自由度がある

(出所) 筆者作成

のみが株主であり、株主総会などで意見が割れることはあまりありません。しかし、上場すると、一般投資家が株主になり、利害関係者が増えます。株主総会の議決権行使などを通じて、株主が経営者の方針に反対表明をすることもあり、迅速な意思決定や、思い切った経営が難しくなる可能性があります。

②に関しては、上場の際と、上場を維持するために証券取引所に支払う手数料が発生することに加え、財務諸表や内部統制報告書、コーポレートガバナンス報告書など、情報開示に伴うコストが発生します。また、株主総会も規模が拡大し、会場手配や招集通知の発送などにコストがかかるようになります。上場会社であることのデメリットを意識して、上場会社が**MBO**（**経営陣による企業買収：Management Buyout**）などにより、非上場会社に戻ることもあります。

会社が株式市場を通じた資金調達の必要性に迫られておらず、またすでに十分な知名度や社会的な信用があり、既存株主が保有株式の換金を希望していないのであれば、上場しなくても特に問題は生じません。上場するか、しないかは、それぞれの会社がメリットとデメリットを考慮した上で選択することになります。

2 どの会社の株式を買えば儲かりますか

(1) 株式投資のリターン

証券取引所で取引されている株式の株価は、売りたい人と、買いたい人の、それぞれ希望価格が合致したところで決まります。買う側は、株式の購入により見込まれるリターン（**期待リターン**）と、予見される**リスク**の双方を考慮し、期待リターンがリスクを上回ると判断すれば投資し、下回ると判断すれば投資を見合わせることになります。売る側は、基本的に期待リターンを基準に売却判断をしますが、期待リターンが実

図表3−1−3　TOPIX、配当込みTOPIX、配当利回りの推移

（出所）　東京証券取引所の数値をもとに筆者作成

現できなくても、換金する必要性が生じれば売却することがあります。

　株式投資のリターンは、株式の配当（**インカムゲイン**）と売買損益（**キャピタルゲイン**）で構成されます。株式の配当支払額は会社ごとに異なりますが、TOPIX（東京証券取引所第一部の全上場会社の株価動向を表す指数）の配当利回り（配当÷株価）は近年、おおむね2％程度で推移しています。キャピタルゲインは買った時点の株価と、売った時点の株価の差で決まります。

　上場会社全体の傾向として、配当支払額は増加傾向にあり（配当利回りは株価の影響を受けるため、配当支払額が増加しても上昇するとは限りません）、TOPIXと配当込みTOPIX（配当の支払分をTOPIXに上乗せしたもの）の推移をみると、大きな差が生じています（図表3−1−3）。

⑵　**株式投資のリスク**

　株式投資のリスクとしては主に図表3−1−4のようなものがあげられます。このほか、海外の会社の株式を購入する場合は、**カントリーリスク**（投資対象が属する国・地域の政治・経済・制度などの変化により損失が発生する可能性）や**為替変動リスク**（外国為替レートの変化に伴って損失が発生する可能性）もあります。

図表3-1-4　株式に投資する場合の主なリスク

価格変動リスク	市場価格の変動により損失が発生する可能性
信用リスク	投資対象の経営悪化や経営破綻などにより、損失が発生する可能性
流動性リスク	市場参加者が少ないなどの理由で、資金を回収するための取引が実行できない、もしくは取引実行のためのコストが急騰する可能性

(出所)　筆者作成

　一般的に、「リスクが大きい」というと、「大きな損失が出る（価格がマイナスに動く）」というイメージがありますが、投資の世界では投資対象の価格の変動（**ボラティリティ**）が大きいことを「リスクが大きい」といいます。価格が大きく動けば、マイナスに動いても、プラスに動いても「リスクが大きい」ことになります。

(3)　ハイリスク・ハイリターン／ローリスク・ローリターン

　基本的に、金融商品はリスクが高いほど期待リターンは高く、リスクが低いほど期待リターンは低くなります。たとえば、株価変動の大きいA社の株式の期待リターンが10％、株価変動の小さいB社の株式の期待リターンも10％であれば、ほとんどの人は期待リターンの実現可能性が高いB社の株式を買おうとするでしょう。しかし、実際にはB社株式を買いたいという人が増えれば増えるほど、B社の株価は上昇することになり（期待リターンは低下することになり）、最終的にリスクと見合った期待リターンに落ち着くはずです。

　株式投資にはリスクが伴います。どの程度のリスクを取るか、取らないか、という選択肢はありますが、「絶対に儲かる投資」というものはありません。リスクに対する許容度は投資家によって異なり、ある程度リスクを取ってもよいから高いリターンがほしいと考える投資家もいれば、低リターンでもよいのであまりリスクは取りたくないと考える投資家もいます。投資家は、自分が期待するリターンと許容できるリスクを考慮して、投資対象を決めることになります。

3 投資するからには損をしたくない

(1) 財務諸表を使って収益性や成長性、安全性を分析する

「投資するからには損をしたくない」と思うのは誰しも同じです。そのための1つの手段として、会社が公表している財務諸表を中心に、収益性・成長性・安全性などさまざまな視点から会社を分析し、会社の状況をできるだけ把握しておくことが重要です。

たとえば、収益性・成長性をみる指標として代表的なものが①**自己資本当期純利益率**（ROE：Return on Equity）です。株主の出資に対して、どれだけ利益を生み出したかをみる指標です。また、②**売上高利益率**は、どれだけ効率的に稼いだかを示す指標です。売上高が増えていても、そのために広告宣伝費や人件費を増やしていて、あまり利益が増えていなければ、その会社は効率的に稼げていないということになります。会社の資産をどれだけ効率的に活用して売上を上げたかを示す③**総資本回転率・資本回転率**や、過去と比べてどれだけ売上高や利益が増えたかを示す④**売上高成長率・利益成長率**も、収益性・成長性をみる指標になります。いずれの指標も、高いほうが収益性や成長性が高いことを示します。

安全性をみる指標として代表的なものは、⑤**自己資本比率**です。総資産に対する自己資本の比率で、高いほど財務状態が健全であるということができます。また、⑥**当座比率**や**流動比率**は返済までの期間が短い短期債務に対して、会社の短期的な返済能力がどれくらいあるかを示す指標です。⑦**インタレスト・カバレッジ・レシオ**は借入や社債発行に対する金利の支払いにフォーカスし、本業で稼いだ利益や受取配当などでどの程度の支払いができるかを示す指標です。いずれの指標も、高いほど返済能力がある（安全性が高い）ことを示します。

⑧**固定比率・固定長期適合率**は、固定資産に対する投資がそれぞれ自己資本、自己資本と固定負債からどの程度行われているかを示す指標です。固定資産に対する投資は安定的に使えるお金で行うことが望ましいことから、固定比率と固定長期適合率は低いほど安全性が高いことを示します。

図表3-1-5 投資家が財務諸表から分析する主な指標

投資家の視点		主な指標
収益性・成長性	会社が使った資本に対してどれだけの利益を生み出しているか、将来に向かってどれだけ会社(事業)が成長できるか	①自己資本当期純利益率 　(ROE：Return on Equity) ②売上高利益率 ③総資本回転率／資本回転率 ④売上高成長率／利益成長率　　など
安全性	財務状態が健全で、資金繰りに問題がなく、倒産などの可能性が低いか	⑤自己資本比率 ⑥当座比率／流動比率 ⑦インタレスト・カバレッジ・レシオ ⑧固定比率／固定長期適合率　　など

①自己資本当期純利益率（ROE：Return on Equity）＝ $\dfrac{当期純利益}{純資産}$

②売上高利益率＝ $\dfrac{営業利益 \text{ or } 経常利益 \text{ or } 当期純利益}{売上高}$

③総資本回転率＝ $\dfrac{売上高}{総資産}$　　資本回転率＝ $\dfrac{売上高}{売上債権 \text{ or } 棚卸資産 \text{ or } 有形固定資産}$

④売上高成長率＝ $\dfrac{当年度の売上高}{前年度の売上高}$　　利益成長率＝ $\dfrac{当年度の営業利益 \text{ or } 経常利益 \text{ or } 当期純利益}{前年度の営業利益 \text{ or } 経常利益 \text{ or } 当期純利益}$

⑤自己資本比率＝ $\dfrac{自己資本}{総資産}$

⑥当座比率＝ $\dfrac{現金・預金＋売掛金＋有価証券}{流動負債}$　　流動比率＝ $\dfrac{流動資産}{流動負債}$

⑦インタレスト・カバレッジ・レシオ＝ $\dfrac{営業利益＋受取配当等}{借入利息・社債利息等}$

⑧固定比率＝ $\dfrac{固定資産}{自己資本}$　　固定長期適合率＝ $\dfrac{固定資産}{自己資本＋固定負債}$

(出所)　筆者作成

(2) 株価水準が割高か割安かを分析する

株価が相対的に割安かどうかを判断する指標としてよく用いられるのが、**株価収益率（PER：Price Earnings Ratio）** と、**株価純資産倍率（PBR：Price Book-value Ratio）** です。PERは株価を1株当り利益（当期純利益÷発行済株式数）で割ったもので、1株当り利益に対して株価が何倍で取引されているかを示します。PBRは株価を1株当り純資産（自己資本÷発行済株式数）で割ったもので、1株当り純資産に対して株価が何倍で取引されているかを示します。PERは会社の収益力を、PBRは会社の資産内容や財務体質をもとに株価水準を判断する指標で、基本的にどちらも低いほうが相対的に株価は割安であると判断されます。東証第一部に上場している会社のPERは15.9倍、PBRは1.4倍となっています（2018年9月末時点、加重平均）。

ただし、投資家は会社の将来性も考慮して株式を取引しており、それは株価にも反映されます。たとえば、成熟期にあるA社のPERが20倍、成長期にあるB社のPERが50倍だったとします。B社の株価のほうが割高な印象を受けますが、PERの分母となる1株当り利益について、A社は今後横ばいで推移することが予想されているのに対し、B社は来年、再来年と急成長することが予想されていたら、どうでしょうか。現時点の株価に基づいて計算すれば、B社のPERは将来的に大きく低下していくことが予想されます。投資家が将来性を期待してB社の株式を取引した結果、相対的に株価（PER）が高くなっている可能性もあり、現時点の株価が必ずしも割高ということはできないでしょう。

PBRは1倍（株価と1株当りの純資産が等しい状態）を下回ると、特に割安だといわれます。これは、会社が負債などをすべて返済し、残った財産を株主に分配するほうが、株式を市場で売却するより、株主にとってリターンが大きくなると考えられるためです。しかし、投資家が将来の業績悪化による純資産の取崩し（PBRの分母となる1株当り純資産の減

少）を予想した結果、株価が下落し、PBRが1倍を割っている可能性もあります。

PERやPBRを投資判断の参考にする際は、その数値が高いか、低いかだけではなく、会社の将来性なども考慮することが**重要**です。

(3) 指標をみるポイント

これまでみてきた指標は、1企業の数値だけ、もしくは1時点のみの数値だけみても、あまり意味がありません。過去から比較してその指標が現在高い水準にあるのか、低い水準にあるのかを分析したり（**時系列分析**）、同業他社や同規模の企業、類似製品を扱う企業などと比較分析をしたり（**クロスセクション分析**）、総合的にみて判断をします。

たとえば、東京証券取引所の第一部に上場している会社全体の2017年度のROE（全産業）は10.2％です。普段株式市場をみていない人が、この数字だけをみて、高いのか、低いのかを判断することは非常に難しいと思います。しかし、時系列でみていくと、過去企業業績が堅調であった2006年度・2007年度を超える高い水準であることがわかります。また、業績別にみると、製造業と非製造業ではROEの動きも異なり、2017年度に関しては製造業のほうがROEが高く（収益性が相対的に高い）なっています。

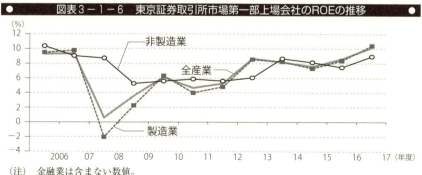

図表3－1－6　東京証券取引所市場第一部上場会社のROEの推移

（注）　金融業は含まない数値。
（出所）　東京証券取引所「決算短信集計結果」より筆者作成

4 投資しているのはどんな人？

　株式市場では、私たちのような個人のほかに、事業会社、銀行や保険会社、証券会社など、さまざまな価値観（投資基準）を持つ主体が集まり、株式を売買しています。多様な投資家が集まることで、公正な価格形成や高い流動性（株式売買が成立しやすい状態）が確保されるのです。

　東京・名古屋・福岡・札幌証券取引所が公表している「2017年度株式分布状況調査」によれば、日本の上場会社の株式を最も多く保有しているのは外国法人等（海外投資家）であり、次いで事業法人等（事業会社）、信託銀行、個人・その他となっています。

　海外投資家や個人の多くは、運用目的で株式を保有しているため、他の主体に比べると売買頻度が高くなっています。特に海外投資家は近年、株式市場の取引の7割前後を占めています。一方、事業会社は運用目的より政策目的（取引先との関係強化など事業戦略の一環の株式保有）で株式を保有していることも多いため、保有比率は高いですが売買比率は低水準となっています。

　なお、海外投資家の売買比率が高い理由として、テクノロジーの発達を受け、**高頻度取引**（HFT：High Frequency Trading）を含む**アルゴリズム取引**が増加していることが指摘されています。アルゴリズム取引とは、会社の将来性などを考慮して投資判断を行うのではなく、事前にプログラミングされた内容に基づいて、コンピュータが自動的に売買を行うものです。そのうち、HFTは数ミリ秒といった非常に短い時間で売買注文を高頻度に繰り返す手法です。プログラムの内容は投資家によってさまざまですが、一般的には株価変動の特徴を分析して売買のタイミングを判断しているといわれ、たとえば、1,001円で買った株式を1,002円で売るといった取引を大量に繰り返して利益を出しています。

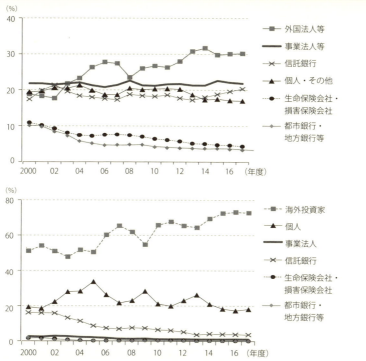

図表3-1-7 投資部門別の株式保有比率（上図）と株式売買比率（下図）（いずれも金額ベース）

（注）集計対象は株式保有比率が東京証券取引所、名古屋証券取引所、札幌証券取引所、福岡証券取引所に上場する全企業であるのに対し、株式売買比率は東京証券取引所第一部上場企業のみ。
　　　また、株式売買比率は委託取引のみの数値。株式保有比率と株式売買比率で投資部門の表記に差があるのは、それぞれの出所に従ったためである。
（出所）東京証券取引所・名古屋証券取引所・札幌証券取引所・福岡証券取引所「株式分布状況調査」、東京証券取引所「投資部門別売買状況」より筆者作成

　こうした取引は、市場の下落時などに複数のプログラムが同じような取引を執行してしまい、価格形成に影響を与える可能性が高いことや、取引システムに負荷をかけることなどが問題視されています。一方で、市場に流動性を供給している（取引を成立しやすくしている）ともいわれています。

Column 投資とは無縁……でホントに大丈夫？（NISAとiDeCo）

　終身雇用に代表される日本の雇用慣行が崩れ、退職金や公的年金で老後を暮らすというモデルに限界が出始めています。加えて、平均余命が延びており、老後に備えておいた金融資産を使い果たしてしまう"長生きリスク"が高まっています。

　日本の家計金融資産は50％以上が現金・預金で、株式や債券、投資信託といったリスク性資産は2割弱にすぎません。現金・預金は基本的に元本が減ることはありませんが、その分リターンも非常に低い資産です。**"長生きリスク"** への対応として、現金・預金の保有に加え、リスク性資産に投資し、＋αのリターンを確保していくことが必要な時代といえるでしょう。

　個人の資産形成を促進するため、金融庁や厚生労働省は**NISA（少額投資非課税制度）**や**iDeCo（個人型確定拠出年金）**などの制度の創設や拡充を行っています。NISAは2014年に創設された制度で、株式や投資信託などの金融商品に投資をした場合、これらを売却して得た利益や受け取った配当に対して課される税金を、一定の要件のもと、一定金額の範囲内で非課税にする制度です。2016年には未成年者を対象とした**ジュニアNISA**、2018年には少額からの長期・積立・分散投資を支援する**つみたてNISA**が導入されています。

　iDeCoは私的年金制度で、自ら掛金を拠出し、運用方法も自分で選択します。運用益は非課税で再投資ができるなど、さまざまな税制優遇が受けられる制度です。以前は利用者が限られていましたが、2017年から誰でも加入できるようになりました（企業型確定拠出年金の加入者は、企業型年金規約で同時加入を認めている場合のみ加入できます）。

　資産形成のために投資をはじめる際には、こうした税制優遇策を利用するのも選択肢の1つでしょう。

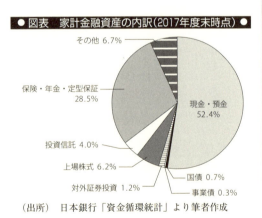

●図表　家計金融資産の内訳（2017年度末時点）●

- その他 6.7%
- 保険・年金・定型保証 28.5%
- 投資信託 4.0%
- 上場株式 6.2%
- 対外証券投資 1.2%
- 現金・預金 52.4%
- 国債 0.7%
- 事業債 0.3%

（出所）　日本銀行「資金循環統計」より筆者作成

Section 2

会社と金融市場との接点
株式と債券

1 株式と債券の違いを改めて考える

(1) リターンの確実性・不確実性

　会社が資金調達のために発行する株式や債券といった有価証券は、買う側である投資家にとって、どのような違いがあるのでしょうか。最も大きな違いは、リターンの確実性でしょう。株式のリターンである配当（インカムゲイン）は業績に応じて変動し、売買損益（キャピタルゲイン）も株価に応じて変動するため、不確実性が高いといえます。一方、債券は購入時点で償還までの間に受け取る利息と、償還時に返済される元本がはっきりしているため、会社の倒産などによる債務不履行がなければ、リターンの確実性は高いといえます。

(2) 株式と債券の中間に位置する"メザニン"

　投資家には「通常の債券よりもより高いリターンがほしいが、株式に投資するほどのリスクは取れない」「議決権はいらないのでもっと配当がほしい」といったさまざまな要望があり、こうした中間的な性質を持つ有価証券に投資をするニーズもあります。

　株式と債券の性質を組み合わせた中間的な性質を持つ有価証券の具体例としては、**劣後債**（会社が倒産した場合にお金を返済してもらう順番が他の債券より後回しになる債券）や、**転換社債**（一定の条件のもとで株式に

転換できる社債)、**優先株式**(議決権がない代わりに配当が優先的に行われる株式)などがあげられます。なお、優先株式は通称であり、配当や議決権が普通株式と異なる**種類株式**の1つです。

会社がこうした有価証券の発行により資金調達することを、建物の中二階を意味する「メザニン」になぞらえて、**メザニンファイナンス**といいます。貸借対照表上では負債もしくは純資産のどちらかに区分され、「メザニン」という区分が存在するわけではありませんが、会社と投資家の間の契約により、実質的に中間的な性質をもたせることになります。

たとえば経営者が「資金調達をしたい。財務の健全性を考慮するとこれ以上負債を増やすのは難しいが、増資をして会社の株主構成が変わることも避けたい」といったような悩みを抱えている場合は、劣後債や優先株式の発行で資金調達をすることで、問題を解決できます。

2 株式や債券の売買は会社とは無関係？

(1) 証券取引所で買えるもの、買えないもの

普段株式の取引をしていない人であっても、テレビなどでニュースをみていれば、日経平均株価を耳にしたり、株価が大きく変動したときに証券取引所や証券会社の株価ボード(電光掲示板)が映し出されるのを目にします。「株式市場のことはよくわからないけれど、日経平均株価の動向はニュースでみる」という方も多いのではないでしょうか。

一方、債券など他の金融商品の動向に関してはあまりよくわからない、という方が大半かもしれません。株式は会社の業績やマクロ経済の動向などを反映して価格が変動することから、会社の価値を客観的に判断する材料として注目されることが多いのに対し、債券が注目されるのは会社が倒産したときなどに限られます。また、株式は個人投資家も含めて広く売買されているのに対し、債券は機関投資家など大口の投資家

の取引が中心であること、証券取引所を通じた売買が少ないことなども、債券の動向がわかりづらい要因と考えられます。

証券取引所で取引されている商品の大半は株式です。投資信託（投資家から集めたお金を専門家がまとめて運用し、成果を配分する金融商品）や国債、転換社債も証券取引所で取引されますが、一般的な債券（普通社債）は証券取引所ではなく、証券会社と投資家の間で直接（相対で）行われることが一般的です。

このように証券取引所を通さない取引を、**取引所外取引**もしくは**店頭取引**といいます。証券取引所を通じた取引（**取引所取引**）と、店頭取引の大きな違いは、取引できる商品の種類や価格形成が異なることです。取引所取引は、証券取引所の会員である証券会社経由で行うことになります。証券会社に依頼すれば、上場しているすべての金融商品を市場価格で取引することが可能です。たとえば、上場会社であるC社の株式は、A証券会社から発注を出しても、B証券会社から発注を出しても購入できます。また、取引価格はさまざまな投資家の売買注文から形成される市場価格になりますので、証券会社による価格差は生じません（た

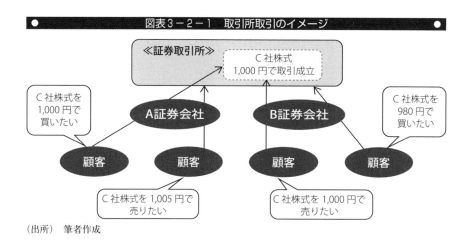

図表3-2-1　取引所取引のイメージ

（出所）　筆者作成

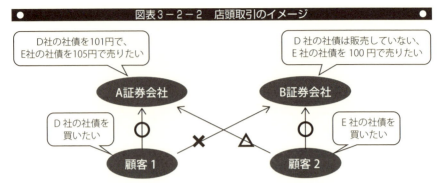

> 顧客1はD社の社債を購入したいと考え、A証券会社とB証券会社に問い合わせた。B証券会社では取扱いがなかったので、A証券会社から社債を購入した。
> 顧客2はE社の社債を購入したいと考え、A証券会社とB証券会社に問い合わせた。A証券会社は105円、B証券会社は100円という価格を提示したので、B証券会社から社債を購入した。

（出所）　筆者作成

だし、取引手数料は証券会社ごとに異なります）。

　一方、店頭取引は取引相手が証券会社ですので、取り扱っている商品は証券会社ごとに異なり、また取引価格も異なります。たとえば、A証券会社ではD社とE社が発行する債券を取り扱っているが、B証券会社ではE社の債券しか取り扱っていない、といったことや、A証券会社ではE社債の販売価格が105円、B証券会社では100円、といったことが起こり得ます。

(2) 流通市場と発行市場

　取引所取引や店頭取引など、投資家間で有価証券を取引する市場を**流通市場**といいます。これに対して、会社が新たに発行する有価証券を投資家に販売する市場を**発行市場**といいます。発行市場には広く一般投資家に販売する**公募**と、少数の投資家にしか販売しない、もしくは特定の機関投資家のみに販売する**私募**という区分があります。多額の資金調達をする際には、幅広い投資家から資金調達できるという観点で公募のほうが有効です。ただし、公募を実施するためには事前に当局への届出や

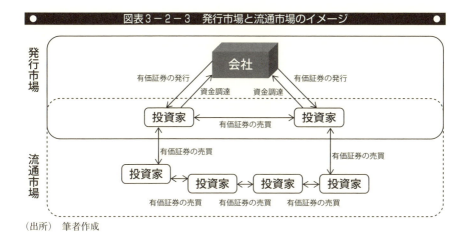

図表3-2-3　発行市場と流通市場のイメージ

（出所）　筆者作成

投資家向けの情報開示が求められます。私募はこうした手続が簡素化されており、資金調達に伴うコストが抑えられ、また投資家からお金が払い込まれるまでの時間が短縮できるというメリットがあります。

　会社が有価証券発行によって資金調達をするのは発行市場であり、流通市場には特に関与していません。先ほどみてきたとおり、流通市場は証券取引所や証券会社などを通じて投資家同士で取引を行います。とはいえ、株式増資を行う際の価格は流通市場を参考に決定されますし、流通市場で株価が大きく変動するなど混乱しているときは、有価証券発行による資金調達を控える会社が増えるといったように、両市場は独立しているのではなく、相互に深い関わりを持っています。

3 すべての卵を1つの籠には入れない

　株式投資の格言の1つに「卵は1つの籠に盛るな」というものがあります。卵を1つの籠に盛ると、落とした時に全部割れてしまいます。これを避けるには複数の籠に分ける必要があることから、投資にな

ぞらえ、特定の資産、業種、銘柄、国などに対する集中投資を避け、**分散投資**を推奨する格言です。分散投資の目的は、**収益率の変動**が異なったり、**相関**が低い資産を複数組み合わせることで、リスクを抑えつつ、安定したリターンを確保することにあります。

たとえば、私たちが支払う年金保険料の一部（年金積立金）を運用している年金積立金管理運用独立行政法人（GPIF）でも、特定の資産クラスに集中投資するのではなく、国内債券・国内株式・外国債券・外国株式の４つの資産を組み合わせて運用しています。定期的に資産構成の見直しが行われており、2018年８月24日時点では国内債券35％（許容されるかい離幅：±10％）、国内株式25％（同：±９％）、外国債券15％（同：±４％）、外国株式25％（同：±８％）を基本として運用を行っています。

GPIFが過去20年のデータをもとにそれぞれの資産の標準偏差を計算したところ、国内株式や外国株式の標準偏差は国内債券や外国債券に比べ、相対的に大きくなっています。標準偏差は収益率の変動のばらつき具合を示すもので、大きくなるほど収益率の変動が大きく、リスクが大

図表３－２－４　GPIFの運用資産の標準偏差と相関係数

〈標準偏差〉

	国内債券	国内株式	外国債券	外国株式
	4.10	24.86	11.46	25.70

〈相関係数〉

	国内債券	国内株式	外国債券	外国株式
国内債券	1.00			
国内株式	−0.17	1.00		
外国債券	−0.26	0.12	1.00	
外国株式	−0.36	0.78	0.50	1.00

（注）　標準偏差と相関係数については2017年までの過去20年のデータ等を用いて作成されたもの。
（出所）　年金積立金管理運用独立行政法人「平成29年度 業務概況書」より筆者作成

きいことを意味します。また、それぞれの資産の相関係数をみると、国内株式・外国株式の相関係数は高く、それ以外の資産では相関係数は低いことが確認できます（相関係数は最大が1で、1に近いほど似た動きをすることを意味します。また、最小は－1で、－1に近いほど逆の動きをすることを、ゼロはまったく動きに相関がないことを意味します）。

　資産運用では、収益率の変動や相関が低い資産を組み合わせることで、リスクを抑えながら安定した収益を目指すことが一般的です。GPIFの2017年度までの累積収益率は2001年度以降、年率換算で＋3.12％です。過去の各資産別の収益率をみると、国内株式と海外株式は高い収益率になることもあれば、サブプライム問題やアメリカの大手投資銀行リーマンブラザーズの破たん（いわゆるリーマンショック）を受けた、2007～2008年のように大きくマイナスになることもあります。一方、国内債券や外国債券の収益率は、比較的安定して推移しています。

　GPIFのようなプロの投資家（機関投資家）は自らの運用方針に基づき、その中で分散投資を行っています。株式のみに投資する、債券のみ

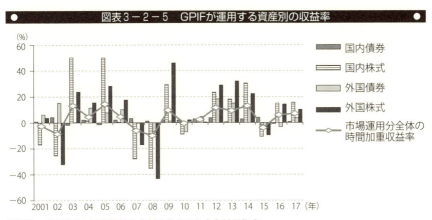

図表3－2－5　GPIFが運用する資産別の収益率

（出所）　年金積立金管理運用独立行政法人より大和総研作成

に投資する、という投資家であっても、その中で業種や地域、企業規模などさまざまな観点でリスクが分散できるように**ポートフォリオ**を構築することが一般的です。複数の株式に投資している機関投資家の場合、投資先の会社が他の会社に比べて好業績を上げていたとしても、その会社の株式をさらに買うとは限りません。むしろ、好業績で株価が上昇した結果、ポートフォリオに占めるその会社の株式の割合が大きくなってしまった場合、**リバランス**のために売却する可能性もあります。リバランスとは、保有している資産の保有割合が、価格変動の影響などにより変わってしまった場合に、保有割合を調整することを指します。たとえば、先ほどGPIFの基本ポートフォリオを示しましたが、仮に株式相場が大きく上昇して、国内株式の保有比率が35％に達してしまうと、25％±9％の許容かい離幅を超えることになりますので、少なくとも1％分の国内株式は処分して、他の資産に移す必要が生じます。

　株式投資は成長が期待できる会社に投資をすることが基本ではありますが、ポートフォリオ管理の観点など、会社の成長期待とは別の要因で取引されることもあり、有価証券の価格に影響することもあります。

4　金融市場はリスク管理にも利用されている

(1) 先物取引

　会社は、資金調達だけでなく、**リスク管理**の一環で金融市場を利用することもあります。たとえば、**先物取引**です。先物取引は、将来のある時点で株式や債券などを買う・売ることを契約する取引です。たとえば、現在の価格が100円である株式を、半年後に105円で買う、といった取引です。仮に、半年後に価格が105円を上回って120円に上昇していたとしても、買い手は105円で購入することができます。105円を下回る価格で推移していた場合も、105円で購入しなければならず、安く

買えたはずのものを高く買うことにはなりますが、現時点で半年後の価格がどうなるかわからない、という不確定要素を排除することができます。先物取引は有価証券だけではなく、金利や通貨、コモディティ（石油や金、小麦など）などでも利用されます。

このように、将来のある時点で行う取引について、現時点で契約することを、**デリバティブ取引（金融派生商品）**といいます。デリバティブ取引には、先物取引のほか、**オプション取引**、**スワップ取引**があります。デリバティブ取引では将来取引する商品（株式や債券、金利、通貨やコモディティなど）のことを、**原資産**といいます。

デリバティブ取引は、投資家のリスク管理の手段として発展してきましたが、少額の資金を元手に大きな金額の取引ができることから、資産の価格変動による利益獲得にも使われています。また、商品特性の変換などの目的でも利用されます。

⑵ **オプション取引**

オプション取引は原資産を将来のある時点で、買う（call）・売る（put）権利を売り買いする取引になります。買う権利を**コールオプション**、売る権利を**プットオプション**といいます。先物取引とは異なり権利の売り買いなので、権利を買った側に権利を行使するか、しないかの選択権があります。権利を買うためには、売り手に権利取得の対価（**プレミアム**）を支払う必要があります。権利の売り手はプレミアムを受け取る代わりに、買い手が権利行使をした場合は事前に契約した内容で取引に応じる必要があります。

たとえば、ある株式を半年後に105円で買う権利を、5円のプレミアムを支払って購入したとします。権利を保有したまま半年後を迎えた場合、その時点の価格が105円を上回っていれば権利を行使し、105円で株式を購入することになります。105円に達していなければ、権利を放棄することになります。先物取引では株価が下落していたとしても105

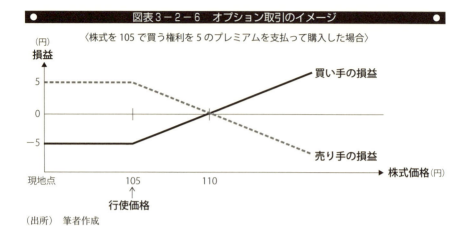

図表3-2-6　オプション取引のイメージ
〈株式を105で買う権利を5のプレミアムを支払って購入した場合〉
（出所）筆者作成

円で買わなければなりませんでしたが、オプションであれば買い手は権利を放棄して、市場から安く株式を買えばよいことになります。

オプションの売り手にとっては、株価が上昇すると損失が発生することになりますが、株価が一定の水準（この事例でいうと110円）に達するまではプレミアム分の利益を獲得できます。

(3) **スワップ取引**

スワップ取引は将来のキャッシュフローを交換する取引です。代表的なものは**金利スワップ取引**です。金利は一定の期日に固定の金利を支払う場合と（固定金利）、市場金利に連動する形で金利を支払う場合があります（変動金利）。たとえば融資を行っているA銀行とB銀行があるとします。A銀行は変動金利の融資が中心で、受け取る金利が変動しやすいため、一部を固定金利にしたいと考えています。一方、B銀行は固定金利の融資が中心で、将来の金利上昇リスクに備えるため、一部を変動金利にしたいと考えています。この場合、A銀行とB銀行で金利スワップ取引を行うことで、A銀行は固定金利を、B銀行は変動金利を受け取ることができるようになります。

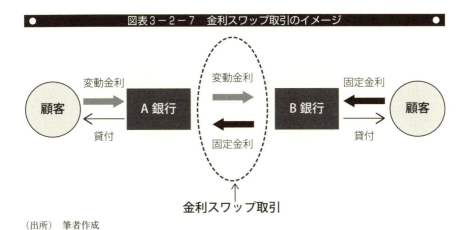

(出所) 筆者作成

 スワップ取引は通貨でも行われます（**通貨スワップ取引**）。2つの異なる通貨について、それぞれの元本に対する利息を交換する取引です。会社が金融機関の融資や社債発行で資金調達する場合、日本円、米ドルやユーロ、豪（オーストラリア）ドルなど、通貨ごとに金利が異なります。たとえば、ある会社が豪ドルを調達したいとします。しかし豪ドル

は金利が高く、相対的に米ドルのほうが低金利で調達できる環境にあるとします。この場合、いったん米ドルを社債発行などで調達し、あわせて金融機関と米ドル・豪ドルの通貨スワップ契約を結ぶことで、豪ドルの調達と同じ効果を得ることができます。金融機関のほうが相対的に豪ドルを有利に調達ができ、会社が市場から直接豪ドルを調達するより、通貨スワップ取引を経由するほうが有効な場合などに用いられます。

⑷ 天候デリバティブ

デリバティブは、食品・飲料、農業、エネルギー、衣料、観光など、気温や降水量などの天候により、業績に大きな影響を受ける産業のリスクヘッジ（抑制）にも用いられます。**天候デリバティブ**は、降雨日数や気温などが事前の契約条件に当てはまった場合に支払いが受けられるものです。保険を活用する方法もありますが、保険は損害の発生が支払いの条件になるのに対し、天候デリバティブは損害発生の有無に関わらず、事前の契約条件に当てはまれば支払いが行われます。

たとえば、飲料会社において、夏の間の降雨による業績悪化を、デリバティブの活用によってヘッジしたいと考えたとします。この場合、飲料会社と金融機関で「11日以上雨が降った場合、1日雨が降るごとに100万円支払いが受けられる天候デリバティブ取引」を行うことなどが考えられます。飲料会社は、降雨量が多かった場合の売上高の減少を、金融機関からの支払いで補うことができます。金融機関にとっては、飲料会社から受け取ったプレミアムと、飲料会社に支払った額の差分が利益（損失）となります。

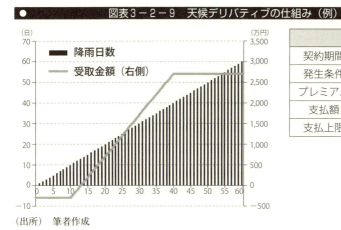

図表3-2-9　天候デリバティブの仕組み（例）

契約条件	
契約期間	2カ月（60日）
発生条件	降雨10日
プレミアム	300万円
支払額	100万円／日
支払上限	3,000万円

（出所）　筆者作成

Column 金融業界に求められる理系人材

金融機関に就職するのは商学部や経済学部といった文系の学生が多い印象があるかもしれません。実際に文部科学省が行っている調査をみてみると、大学を卒業して金融業・保険業に就職した学生の約6割は商学や経済学、法学、政治学といった社会科学の出身者が占めています。理系出身（工学・理学・農学）の学生は全体の5％程度にすぎません。

しかし、金融の世界では資産運用におけるポートフォリオ管理・リスク管理や、デリバティブ商品の開発などにおいて、理系の知識が欠かせません。具体的には確率論や統計学、その応用としての数理ファイナンスや金融工学といった分野の知識です。また、投資や融資の判断には、相手の事業内容を理解する必要があります。製造業や情報通信業を中心に、理系の知識が活かせる場面もありそうです。

また、金融業は円滑な決済処理を行うことや、顧客口座を適切に管理することなどが求められることから、システム部門の重要性が非常に高い業種でもあります。こうした観点からは、情報システムなどに関する分野の知識も重要です。

近年ではITを活用した金融サービスを提供するFinTechも注目されています。AIやビックデータの活用がさまざまな場面で検討されていることから、AI人材やビックデータの解析ができるデータサイエンティストのニーズも高まっています。既存の社員がこうした知識を学び、業務を行うことも多々ありますが、やはり実務に活かせるレベルに達するまでには時間が必要です。金融はスピード感が求められる分野でもあるため、金融機関では即戦力となり得る理系人材の採用に力を入れはじめています。

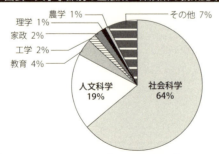

● 図表　大学学部別の金融業・保険業の就業比率（2017年度）●

（注）　就職者数には、大学院等への進学者のうち就職した者を含む。
（出所）　文部科学省「平成30年度学校基本調査（速報値）」より筆者作成

Chapter 4

会社が集まって経済になる

Section 1

経済発展と会社の関係
GDP（国内総生産）

1　日本が経済大国といわれる理由
　　（GDP比較・推移）

　国の経済規模を計る指標として最もよく用いられるのがGDP（Gross Domestic Product：国内総生産）です。これは国内で一定期間内に生産されたモノやサービスの付加価値の合計額になります（付加価値については「2．付加価値ってなんですか？（付加価値の考え方）」で解説します）。"国内"なので、日本の会社の海外支店等で生産したモノやサービスの付加価値は含まれません。GDPは四半期ごと、暦年ごと、年度ごとの数値が内閣府から公表されています。GDPが過去と比較して増加していれば、日本経済は成長している、と評価されることになります。

　GDPは、実際に市場で取引されている価格に基づいて推計された**"名目値"**と、ある年を基準として物価の変動を取り除いた**"実質値"**の2つがあります。"名目値"は、生産された付加価値について①生産量と②価格の変動の両方に着目したもの、"実質値"は①生産量のみに着目したものと考えればよいでしょう。

　実際に2つの数値を比べてみると、名目値は1995年度から2017年度にかけて490兆円から550兆円の間で推移していますが、実質値は440兆円から530兆円に上昇しています（図表4－1－1）。日本は長期にわたり物価の下落が続く"デフレ"の状態にあったことから、物価下落の影

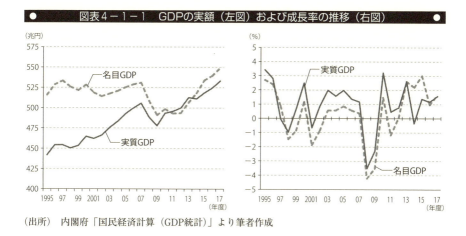

図表4−1−1　GDPの実額（左図）および成長率の推移（右図）

（出所）　内閣府「国民経済計算（GDP統計）」より筆者作成

響を受ける名目GDP成長率が実質GDP成長率を下回る傾向にありました。2014年度以降は、日本銀行の金融緩和政策などを受け、物価は緩やかな上昇基調にあり、名目GDP成長率が実質GDP成長率を上回る年もみられます。

「日本は経済大国だ」といわれる理由の1つとして、各国のGDPを比較したときに、日本のGDPが相対的に大きいことがあげられます。2016年時点において、GDP（名目）が最も大きいのは米国、次いで中国であり、日本、ドイツ、英国、フランス、インドが続きます。日本のGDPは2009年まで世界第2位でしたが、2010年に中国に抜かれ、第3位となりました（図表4−1−2）。なお、国際比較をする場合、各国の通貨が異なることから、一般的には基軸通貨といわれる米ドル建てに換算した数値を用います。なお、為替変動の影響や、年度と暦年の違いがあるため、図表4−1−1（左図）の名目GDPと図表4−1−2（左図）の日本のGDPの動きは異なります。

GDPを各国の人口で割り算した**人口1人当りGDP**をみるとまた違った姿がみえてきます。2016年時点の人口1人当りGDPが最も大きいの

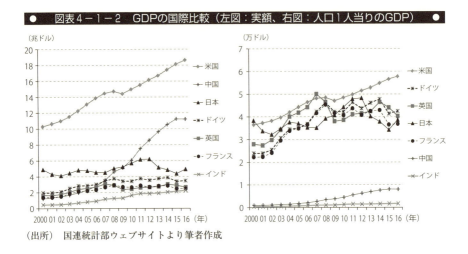

図表4−1−2　GDPの国際比較（左図：実額、右図：人口1人当りのGDP）

（出所）　国連統計部ウェブサイトより筆者作成

はモナコ（16.8万ドル）であり、次いでリヒテンシュタイン（16.4万ドル）、ルクセンブルク（10.2万ドル）となっています。GDPの総額で1位の米国は12位、2位の中国は90位、3位の日本は29位です。

　各国の経済規模はGDPの総額で比較されますが、国民の生活水準という観点では、この1人当りGDPのほうが実感に合うといわれています。たとえばA国とB国のGDPが同じだったとしても、A国の人口がB国より少なければ、1人当りが生み出している付加価値はA国のほうが多いことになります。中国やインドのGDPは国際比較で上位に位置しますが、人口も多いことから、1人当りGDPでみると、大きく順位が下がってしまうのです。

2　付加価値ってなんですか？（付加価値の考え方）

　先ほど述べたとおり、GDPは「国内で一定期間内に生産されたモノやサービスの付加価値の合計額」ですが、そもそも付加価値とはどのように算出されるのでしょうか。

コンビニエンスストアで販売されているおにぎりを例にとって考えてみたいと思います。おにぎりの主な原材料はお米や海苔、そして具材です。原材料が同じだと仮定した場合、通常は自分で原材料を買っておにぎりをつくったほうが、コンビニエンスストアで同じ量のおにぎりを買うより安くできます。コンビニエンスストアのおにぎりの価格には、原材料を工場で加工するなど、販売するまでの間に発生した、さまざまな費用が含まれているためです。

私たち消費者はそうした価格差も考慮した上で、「自分でつくるよりコンビニエンスストアで購入したほうがよい」と判断してコンビニエンスストアでおにぎりを購入するわけです。購入理由は、おにぎりを自分でつくる時間がない、自分でつくるより買ったほうがおいしい等々、人によって異なるでしょうが、いずれにしろ、販売するまでの過程で付加された価値に対してお金を払っていることになります。この付加された価値を合計したものがGDPというわけです。

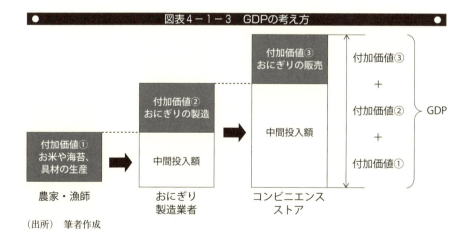

図表4－1－3　GDPの考え方

（出所）　筆者作成

3 GDPの測り方（三面等価）

(1) 生産面からみたGDP

GDPは3つの側面からとらえることができます。1つ目は**生産面からみたGDP**です。これは、それぞれの主体が生産した額（産出額）の合計から、原材料などの額（中間投入額）を差し引いたものです。

先ほどのおにぎりの例で考えてみましょう。仮に、農家や漁師（以下、農家等）が生産した原材料（お米や海苔・具材など）をおにぎり製造業者に販売した額を50、おにぎり製造業者が製造したおにぎりをコンビニエンスストアに販売した額を100、コンビニエンスストアが消費者に販売した額を150とします。このとき、それぞれの主体が生産した額の合計は以下のとおりになります。

産出額：農家等の生産額（50）＋おにぎり製造業者の販売額（100）
　　　　＋コンビニエンスストアの販売額（150）＝300

中間投入額はそれぞれの主体が仕入れた金額の合計になりますので、以下のとおりになります。

中間投入額：おにぎり製造業者の原材料購入額（50）＋コンビニエンスストアのおにぎり購入額（100）＝150

GDPは産出額－中間投入額ですので、以下のとおりになります。

GDP：産出額（300）－中間投入額（150）＝150

(2) 分配面からみたGDP

2つ目は**分配面からみたGDP**です。分配というのは、生産された付加価値が、その後何に使われたかということを意味します。計算式は次のようになります。

分配面からみたGDP＝雇用者報酬＋営業余剰・混合所得＋固定資本減耗
　　　　　　　　　＋生産・輸入品に課される税－補助金

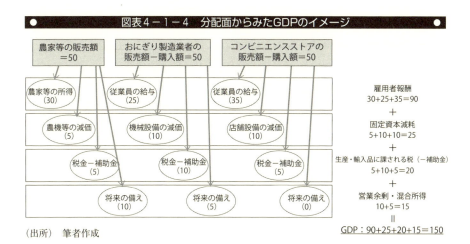

(出所) 筆者作成

　見慣れない用語が並びますが、簡単にいえば雇用者報酬は従業員に支払われる給与などで、営業余剰・混合所得は会社に残る利益、固定資本減耗は設備などの固定資産の価値減少分で、将来の設備更新に備えて積み立てる資金と考えればよいでしょう。このように、分配された側の受取額を合計すれば、生産された付加価値の額と一致するはずだというのが、分配面からみたGDPの考え方です。

　先ほどのおにぎりの例でいえば、農家等の所得、おにぎり製造業者の従業員の給与、コンビニエンスストアの従業員の給与などを合計したものが雇用者報酬になります。農家の農業機械や漁師の漁船、おにぎり製造業者の機械設備、コンビニエンスストアの店舗など、固定資産の価値減少分が固定資本減耗です。これに、生産などに課された税金、最終的に会社に残った利益などを加えると、生産面のGDPと一致することになります。

⑶　支出面からみたGDP

　3つ目は、**支出面からみたGDP**です。生産されたモノやサービスは、最終的に家計や政府などが購入することになります。こうした購入

側の支出額を合計すれば、生産された付加価値の額と一致するはずです。計算式は次のようになります。

支出面からみたGDP＝民間最終消費支出＋政府最終消費支出＋総固定資本形成＋在庫変動＋財貨・サービスの輸出入

先ほどのおにぎりの例でいえば、最終消費支出は、コンビニエンスストアでおにぎりを買った人を集めて、全員の支出額を合計したものと考えればよいでしょう。総固定資本形成は、農家の農業機械・漁師の漁船やおにぎり製造業者の機械設備、コンビニエンスストアの店舗や陳列棚など、将来の付加価値を生み出すために行った投資（固定資産の購入）に伴う支出です。また、在庫は将来の販売に備えるもので、付加価値を生み出す投資であるととらえ、その増減を支出面からみたGDPに計上します。生産活動をする際に、海外から原材料を輸入し、生産した製品を海外へ輸出する場合がありますので、支出面からみたGDPには輸出額から輸入額を引いた金額も加えます。

⑷ **生産・分配・支出の3方向からGDPをみる意味**

概念上、GDPは生産面、分配面、支出面のいずれからみても合計額が一致するはずであり、これを**三面等価の原則**といいます。実際にはGDPはさまざまな統計から作成される推計値であることなどから、3つすべての合計額が一致するわけではありません（統計上の不突合が発生します）。しかし、この三面等価という概念があると、GDPの増加、つまり経済成長とは何かがより理解しやすくなります。

たとえば、生産面からみたGDPが増加していれば、支出面からみたGDPも同じように増加しているはずです。モノやサービスの生産が増えてもそれを誰かが購入しなければ、長期的にみてGDPは増えません。モノやサービスを購入する意欲（需要）と、生産（供給）力の差を示したものが需給ギャップ（GDPギャップ）といわれるものです。需給ギャップは内閣府や日本銀行が推計値を公表していますが、過去の推移

をみると、GDPギャップは多くの期間、マイナスで推移していたことがわかります。需要より供給が多い状態で、物価が下落しやすい状況にあったということになります（図表4－1－5）。

　一般的に、GDPギャップがマイナスになっている場合、政府は需要を拡大するために、自らの支出を増やしたり、減税を行ったりします。また、中央銀行が金融緩和政策を行うこともあります。たとえば、支出面からみたGDPをみると、1990年代後半から2000年代半ばにかけ、政府最終消費支出が増加していますが、これは景気対策のため、政府が公共事業を増やすなどしたことが背景にあります（図表4－1－6）。

　また、分配面からGDPをみると、生み出された付加価値の循環を読み取ることができます。たとえば、雇用者報酬は基本的に家計部門の賃金収入の増減を表します。家計部門の支出は賃金収入に応じて増減し、それは民間最終消費支出に影響することになります。

　政府の経済政策などで"経済の好循環"という表現をみることがあります。これは企業業績の改善・賃金の上昇・消費の拡大という一連の流れを指し、この流れがうまく循環することがGDPの増加（経済成長）につながるということを意味します。たとえば、ある会社で売上が伸びているにも関わらず、利益を確保するために従業員に払う給与を据え置いた場合、そこで働いている人の収入は増えず、消費も拡大せず、そこから先の企業業績の拡大という流れを期待できなくなります。投資や株主への配当なども増やしていないのであれば、やはり経済の流れは滞ってしまいます。

　現実には個社の事情で、業績が改善しても給与も投資も増やせない、という状況は起こり得ますが、経済全体でみたときに、企業業績の改善が給与や投資の増加につながり、それが消費の増加につながるという流れがうまく回っていることが重要です。GDPが増加するということは、この流れがうまく回っているということであり、この流れが滞って

(出所) 内閣府「月例経済報告」および日本銀行「需給ギャップと潜在成長率」より筆者作成

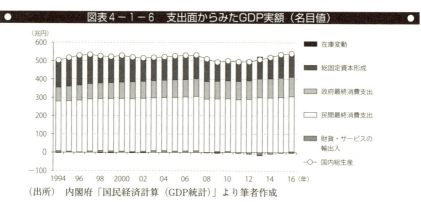
(出所) 内閣府「国民経済計算（GDP統計）」より筆者作成

(注) その他には補助金のほか、統計上の不突合が含まれる。
(出所) 内閣府「国民経済計算（GDP統計）」より筆者作成

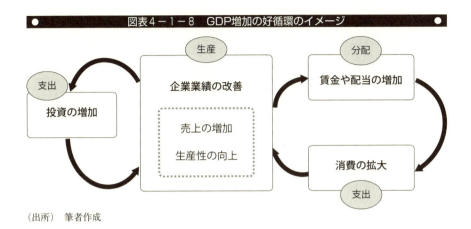

図表4−1−8　GDP増加の好循環のイメージ

(出所)　筆者作成

いるときは、三面等価の関係からどこに問題があるのかを分析し、経済政策などが行われるのです。

4　いろんな会社が経済を支えている

　総務省の「**日本標準産業分類**」では、会社が行っている事業をもとに、日本の会社を20の大分類に区分し、それをさらに中分類、小分類、細分類に整理しています（図表4−1−9）。

　「日本標準産業分類」の大分類に基づいて会社数を集計してみると、最も多いのは卸売業、小売業で、次いで建設業、製造業となっています。従業者数が最も多いのは、卸売業、小売業、次いで製造業、サービス業（他に分類されないもの）となります（図表4−1−10）。

　一方、GDPの額が最も大きいのは製造業で、全体の2割程度を占めています。その次に多いのは卸売・小売業、次いで不動産業となっています（図表4−1−11）。GDPの推移をみると、時代の変化とともに産業構造も変化していることがわかります。たとえば少子高齢化の影響などから、保健衛生・社会事業のGDPは継続的に上昇しています。ま

た、情報通信業のGDPは、1990年代後半にインターネットや携帯電話などの普及とともに急上昇しました。

　一方でGDPが減少している業種もあります。たとえば建設業のGDPは、資産価格バブル崩壊後、1990年代前半～2000年代半ば頃まで、民間投資の減少や公共事業削減などにより低下が続きました。また、農林水産業は就農人口の減少から産出額が減少し、GDPも減少しています。

　ある製品を原材料から製造し、最終消費者に販売するまでには、さまざまな会社が関わっています。GDPの額が最も多いのは製造業ですが、製造業だけあればそれで経済が成り立つわけではありません。製品を売る卸売業や小売業、製品を輸送する運輸業をはじめ、さまざまな業

図表4－1－9　日本の産業分類

日本標準産業分類（大分類）
農業、林業
漁業
鉱業、採石業、砂利採取業
建設業
製造業
電気・ガス・熱供給・水道業
情報通信業
運輸業、郵便業
卸売業、小売業
金融業、保険業
不動産業、物品賃貸業
学術研究、専門・技術サービス業
宿泊業、飲食サービス業
生活関連サービス業、娯楽業
教育、学習支援業
医療、福祉
複合サービス事業
サービス業（他に分類されないもの）
公務（他に分類されるものを除く）
分類不能の産業

製造業の分類（中分類）
食料品製造業
飲料・たばこ・飼料製造業
繊維工業
木材・木製品製造業（家具を除く）
家具・装備品製造業
パルプ・紙・紙加工品製造業
印刷・同関連業
化学工業
石油製品・石炭製品製造業
プラスチック製品製造業（別掲を除く）
ゴム製品製造業
なめし革・同製品・毛皮製造業
窯業・土石製品製造業
鉄鋼業
非鉄金属製造業
金属製品製造業
はん用機械器具製造業
生産用機械器具製造業
業務用機械器具製造業
電子部品・デバイス・電子回路製造業
電気機械器具製造業
情報通信機械器具製造業
輸送用機械器具製造業
その他の製造業

（出所）　総務省「日本標準産業分類」より筆者作成

種と関わりがあります。また、宿泊・飲食サービス業は、GDPの額は他業種に比べて小さいものの、従業者数は4番目に多く、雇用が消費につながっていることを考えれば、消費を支えている重要な産業ということになります。時代の流れの中で浮き沈みもありますが、すべての産

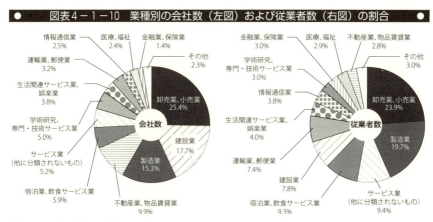

図表4－1－10 業種別の会社数（左図）および従業者数（右図）の割合

(注) 2016年6月1日現在。
(出所) 総務省「平成28年経済センサス－活動調査」より筆者作成

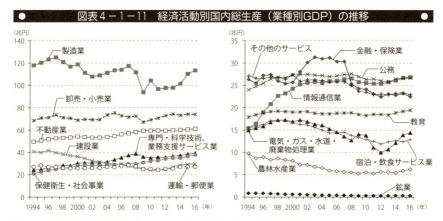

図表4－1－11 経済活動別国内総生産（業種別GDP）の推移

(注) 経済活動別国内総生産の業種分類は日本標準産業分類に基づかない。
(出所) 内閣府「国民経済計算（GDP統計）」より筆者作成

業は経済の中でそれぞれの役割を果たしています。

> **時代が変わればGDPも変わる**
>
> 　経済動向は各種統計をもとに分析されます。しかし、経済は時代とともに変化するため、統計も集計・算出方法の見直しを行わないと、経済の実態を表せなくなることがあります。GDPも約5年に1度、基準が見直されています。
>
> 　たとえば、過去、投資といえば建物や設備といった有形固定資産の取得を指すことが一般的でした。ソフトウェア（一部を除く）や研究開発に対する投資（無形固定資産投資）は、最終的なモノ・サービスを生産するための中間消費とされ、GDPに計上されていませんでした。しかし、こうした無形固定資産投資は将来の付加価値を生み出すために行われるものです。経済的にも大きな意味を持つことから、ソフトウェアは2000年、研究開発関連の支出は2016年に行われた基準改定を経て、投資としてGDPに計上されることになりました。
>
> 　2016年の改定前と、改定後の基準に基づき、それぞれ算出した数値の推移を比較してみると、改定後の数値は大きく上方修正されています（2016年の改定では、複数の集計・算出方法の見直しが行われていますが、上方修正の主要因は研究開発に関連する支出の取扱いの変更です）。
>
> 　時代の変化とともに新たな産業や技術は生まれ続けます。最近ではモノの所有概念の変化により、民泊やカーシェアといったシェアリングエコノミーが急速に発展していますが、現状ではGDPに十分に反映できていません。経済成長を正しく計測するためには、集計・算出方法を見直し続けることが必要なのです。
>
> 　GDPは経済動向をみる上で最も重要視されている指標ですが、GDPだけでは把握できない動きもあります。たとえば、近年では日本の会社が海外展開を積極的に行っており、海外の会社を買収するケースも増えています。海外の会社を買収するのも投資ですが、GDPには計上されません。また、GDPはあくまで国内で生産されたモノやサービスの付加価値の合計ですので、海外の子会社により生み出された付加価値は計上されません。海外の付加価値も含めた動きをみたいのであれば、GNI（Gross National Income：国民総所得）が適当ということになります。
>
> 　統計はその時点の経済動向を把握する上で非常に有効なものではありますが、万能ではありません。それぞれの統計の集計・算出方法を理解した上で、目的に合った統計を活用することが重要です。

Section 2 会社は海外でも稼いでいる
経常収支

1　良いモノは世界中で売れる

　経済活動は国内だけで完結するものではなく、海外から買う(**輸入**する)、海外に売る(**輸出**する)こともあります。こうした輸出入の動向は、財務省の「貿易統計」でみることができます。品目別にみると、最も輸出金額が大きいのは輸送用機器(自動車や自動車部品など)で、次いで電気機器(半導体などの電子部品や家電など)、一般機械(原動機や半導体等製造装置など)となっており、この3品目で輸出全体の約6割を占めています(図表4－2－1)。一方、輸入金額で最も多いのは鉱物性燃料(原油や液化天然ガスなど)で、次いで電気機器、化学製品(医薬品や有機化合物など)となっています。

　日本は資源が乏しく、特にエネルギー資源は輸入への依存度が高い状況にあります。そのため、2000年代後半に原油価格が大きく上昇した際や、東日本大震災後に原子力発電所の稼働が困難になり火力発電所の稼働率を上げた際など、原油や液化天然ガスの輸入金額が増え、全体の輸入金額を押し上げました。

　国・地域別にみると、日本への輸出金額・輸入金額ともに、一番大きいのが中国、次いでアメリカとなっています(図表4－2－2左)。地理的な近さもあり、韓国・台湾・香港・タイなどアジア域内の国・地域が

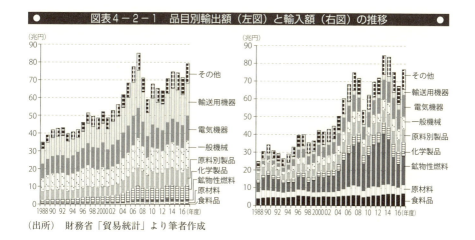

図表4-2-1　品目別輸出額（左図）と輸入額（右図）の推移

（出所）　財務省「貿易統計」より筆者作成

輸出・輸入金額の上位に多くみられます。過去、日本の最大の貿易相手国はアメリカでした。しかし、中国が2000年代に急速に経済成長を遂げ、日本との経済的な結びつきも強くなり、現在は輸出入ともに日本の最大の貿易相手国となっています。

　輸入側をみると、オーストラリア、サウジアラビア、アラブ首長国連邦といった資源国が並びます（図表4-2-2右）。資源国とは、金属などの鉱物資源や石油・天然ガスなどのエネルギー資源、農産物などの食料資源などを産出し、それらの資源を海外に輸出して稼いでいる国のことです。日本は資源が乏しいため、モノをつくるためにこれらの資源国からさまざまな原材料を輸入しなければなりません。たとえば、自動車1つとってみても、主要な原材料の1つである鉄鋼石はオーストラリアやブラジルなどから、天然ゴムはインドネシアやタイなどからの輸入に依存しています。

　輸入した原材料などを加工した製品は、国内で販売するだけではなく、海外にも輸出します。原材料を輸入し、加工することで付加価値をつけ、海外に輸出する形態を**加工貿易**といいます。日本から海外に輸出

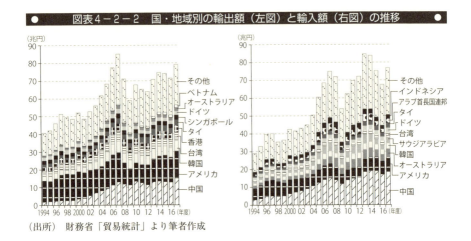

(出所) 財務省「貿易統計」より筆者作成

する場合、輸送コストがかかったり、現地で関税が課されるなど、同じ製品であっても、日本の販売価格より現地の販売価格のほうが高くなることが一般的です。それでも、たとえば日本製品の品質が良い、もしくは現地で売られている他の製品に比べれば割安である、といった付加価値があれば、海外でも日本製品を売ることができます。

近年では経済のグローバル化により、各国間の競争が激化しています。他国の会社が品質面や価格などで優位性の高い製品を供給し、日本の会社の製品の競争力が相対的に低下すると、輸出は難しくなってきます。たとえば、過去日本ではテレビやビデオカメラといった音響・映像機器の製造に強みがあり、盛んに輸出をしていましたが、近年では中国をはじめとするアジア諸国でつくられる製品が競争力をつけています。また、日本の会社が海外の会社に製造を委託することも増え、日本で販売されている音響・映像機器にも輸入品が増えています。音響・映像機器（部品を含む）の輸出金額・輸入金額をみると、2000年代の後半頃から日本は輸入超過に転換しています（図表4-2-3）。

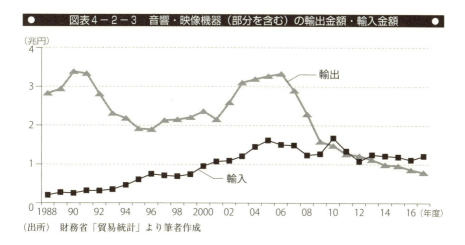

図表4−2−3 音響・映像機器（部分を含む）の輸出金額・輸入金額

(出所) 財務省「貿易統計」より筆者作成

2 国をまたいだサービス取引

　海外と取引されるのはモノだけではありません。たとえば輸送や金融サービス、旅行、特許等使用料などモノ以外に関する取引を国内と海外で行うこともあります。この動向は財務省・日本銀行が公表している「国際収支状況」のうち、**サービス収支**から把握することができます。日本のサービス収支はマイナス（海外に対して支払った額が受け取った額を上回る支払超過の状態）が続いていますが、近年では支払超過額が縮小する傾向にあります。主な要因は、その他サービスのうち、①**知的財産権等使用料**の受取超過額が拡大していること、**旅行**が2014年度に支払超過から受取超過に転じ、その後も受取超過額が拡大していることの2点があげられます（図表4−2−4）。

　1点目の知的財産権等使用料は、産業財産権等使用料と著作権等使用料に区分されます。産業財産権等使用料には、特許権や実用新案権、意匠権、商標権の使用料に加え、技術など事業に関するノウハウを提供

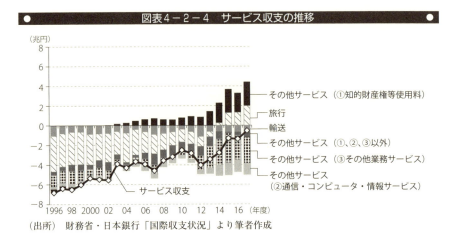

した場合に受け取る対価なども含まれます。著作権等使用料には、ソフトウェアや音楽、映像などを複製・頒布するための使用権料や、著作物（出版物や音楽、映像、キャラクター等）の使用料、上映・放映権料などが含まれます。知的財産権等使用料の受取超過額が拡大しているのは、産業財産権等使用料の受取額が拡大しているためです。背景の1つには、日本の会社が海外現地法人を増やしていることがあげられます。海外現地法人が日本の会社の特許などを使って製品を製造する場合、その使用料を日本の本社に支払うことになるため、海外生産が増加するほど、産業財産権等使用料の受取額が増えることになります。

　2点目の旅行は、旅行者が現地で支出した宿泊費や飲食費、娯楽費、交通費、土産物代などを指します。旅行の受取額が超過になるということは、海外を訪れた日本人が現地で支出する金額より、日本に来た外国人が日本で支出する金額のほうが多いということを意味します。

　この数年、中国や韓国、台湾を中心に、日本を訪れる外国人の数が増加しており、滞在中の消費額も増加しています（図表4－2－5）。一方、出国日本人数は横ばいで推移していることから、旅行は2014年度

以降、受取超過となっており、その金額は拡大を続けています。

サービス収支が全体として支払超過になっている主因は、その他サービスのうち③**その他業務サービス**の支払超過額の拡大です。その他業務サービスは研究開発サービス、専門・経営コンサルティングサービス、技術・貿易関連・その他業務サービスに区分されますが、いずれも支払

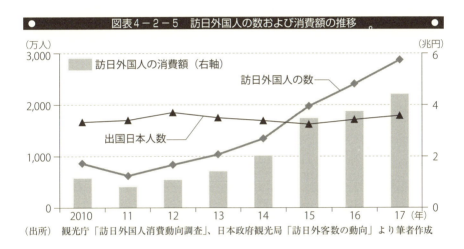

図表4-2-5　訪日外国人の数および消費額の推移

（出所）　観光庁「訪日外国人消費動向調査」、日本政府観光局「訪日外客数の動向」より筆者作成

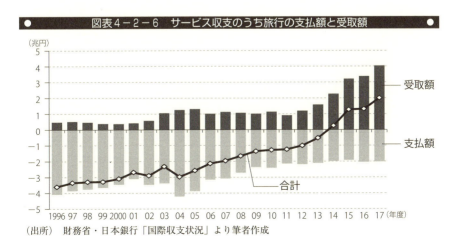

図表4-2-6　サービス収支のうち旅行の支払額と受取額

（出所）　財務省・日本銀行「国際収支状況」より筆者作成

超過になっています。特許権などを海外から購入するケースが増えたり、海外業務の拡大に伴い、海外の法務や会計の専門家に相談したり、現地の市場調査などのサービスを利用したりすることが増えたことで、支払超過額が拡大しているものとみられます。

3 Made in JapanからMade by Japan

「日本の会社が海外で製品を販売する」場合、①日本で製品を製造して輸出するケースと、②海外拠点を設けて現地で製造・販売をするケースがあります。製品のタグなどに生産地を示す"Made in ●●"とあるのをよく見かけますが、①のケースは"Made in Japan"、②のケースは"Made in 生産国"になります。中国で生産したものであれば"Made in China"、ベトナムで生産したものであれば"Made in Vietnam"と表示されます。

2016年度の日本の輸出総額（①）が約70兆円であるのに対し、日本の会社が海外に設立した現地法人の売上高（②）は約260兆円にのぼります（いずれも非製造業を含んだ数値）（図表4－2－7）。製造業に関していえば、現地法人の売上高が売上高全体に占める比率（**海外生産比率**）は長期的に上昇が続いており、足元では2割を超えています。日本の会社が海外で販売している製品は"Made in Japan"より、日本の会社の製品という意味での**"Made by Japan"**が増えているといえるでしょう。

日本の会社が海外に拠点を設ける動きは、財務省・日本銀行が公表している「国際収支状況」の**対外直接投資**や、経済産業省が公表している「海外事業活動基本調査」の**海外現地法人数**などで把握することができます。対外直接投資は、海外に工場を建設したり、子会社を設立するといった投資を集計したものです。

Chapter 4　会社が集まって経済になる　●　107

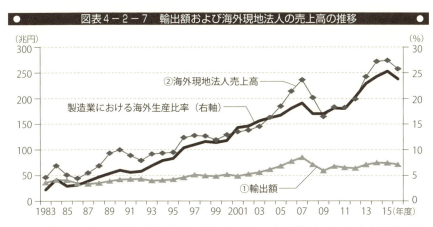

図表4－2－7　輸出額および海外現地法人の売上高の推移

（注）　海外生産比率＝現地法人（製造業）売上高／（現地法人（製造業）売上高＋国内法人（製造業）売上高）×100
（出所）　経済産業省「海外事業活動基本調査」、財務省「貿易統計」より筆者作成

図表4－2－8　日本の対外直接投資（フロー）の推移（左図）、現地法人数の推移（右図）

（出所）　JETROウェブサイト「日本の国・地域別対外直接投資（国際収支ベース、ネット、フロー）」（元データ：財務省「国際収支状況」および日本銀行「外国為替相場」など）、経済産業省「我が国企業の海外事業活動」・「海外事業活動基本調査」より筆者作成

　日本の対外直接投資を振り返ると、①1980年代後半に大きな増加がみられ、また②1990年代の半ばから2000年前後にかけても拡大がみられます。③2000年代後半以降は金額が大きく拡大し、2011年以降は年

間で1,000億ドルを超える水準で推移しています（図表4-2-8）。

　①の1980年代後半に増加したきっかけの1つとして、1985年のプラザ合意により、急速な円高が進んだことがあげられます。海外と輸出入をしている会社は、為替変動が会社の業績に大きな影響を与えます。製造業にとっては、日本国内で生産して輸出するより、現地で生産して販売するほうが、相対的に為替の影響を受けにくくなるため、海外に製造拠点を移す動きがみられました。

　また、②の1990年代半ば以降に増加した背景には、資産価格バブルの崩壊により国内経済が悪化し、日本全体として企業業績が低迷していたことがあげられます。国内で売上高を伸ばすことが厳しい状況の中、日本に比べて人件費などが安い新興国に製造拠点を移すことで、製造コストを抑え、利益を増やそうとする動きがみられました。

　③の2000年代後半以降は、国内人口が減少に転じる中、相対的に高い人口増加率や経済成長率が見込める海外に進出することで、売上拡大を目指す動きがみられます。経済産業省の「海外事業活動基本調査」によれば、海外への投資決定のポイントのうち「良質で安価な労働力が確保できる」や「品質価格面で、日本への逆輸入が可能」と回答する会社の割合は年々低下傾向にあります。一方、「現地での製品需要が旺盛又は今後の需要が見込まれる」という回答は高水準を維持しており、これに加え年々「進出先近隣三国で製品需要が旺盛又は今後の拡大が見込まれる」という回答が増えています（図表4-2-9）。

　また、2000年代後半の特徴として、現地の会社を買収するM&Aが増えていることがあげられます。海外に新しく拠点をつくろうとすると、場所や人材の確保、販売するための販路の確保など、一から準備しなければならず、時間がかかります。この点、M&Aですでに現地でこうした経営資源を持つ会社を買収すれば、時間をかけずに現地で事業を行うことができます。経済のグローバル化が進み、現地や他国の会社との競

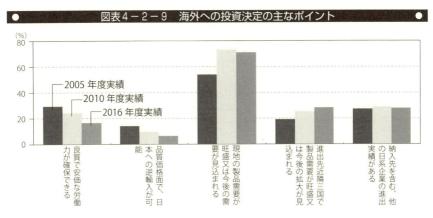

図表4−2−9　海外への投資決定の主なポイント

(注)　調査対象は、それぞれの年度において海外現地法人に新規投資または追加投資を行った企業。複数回答形式のため、合計値は100%とならない。
(出所)　経済産業省「海外事業活動基本調査」より筆者作成

争が激化していることなどから、M&Aで時間を買う動きが強まっているようです。

4　変化する日本経済

　日本経済を取り巻くお金の流れは、国内だけで完結するものではなく、モノの輸出入やサービスの取引、海外拠点における事業活動など、さまざまな経路で海外とつながっています。こうした海外とのお金のやりとり（株や債券などの金融商品取引を除く）を集計したものが、財務省・日本銀行が公表している「国際収支状況」の経常収支です。
　経常収支は、日本が海外から受け取った金額から、日本が海外に支払った金額を除いたもので、**貿易収支**（モノの輸出入）、**サービス収支**（サービスの取引）、**第一次所得収支**（利子や配当の受払い）、**第二次所得収支**（官民の無償資金協力や寄付など）で構成されます（図表4−2−10）。
　日本の経常収支は受取超過（**経常黒字**）が続いています。2000年代前

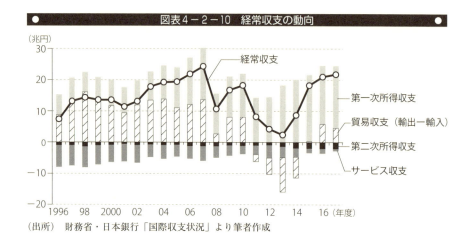

図表4-2-10 経常収支の動向
(出所) 財務省・日本銀行「国際収支状況」より筆者作成

半までは経常黒字の主因は貿易収支の受取超過（**貿易黒字**：輸出が輸入を上回る状態）でした。しかし、2000年代後半からは、貿易収支の黒字幅が縮小し、2011年度〜2014年度には支払超過（**貿易赤字**：輸入が輸出を上回る状態）に転じました。

　2000年代以降、受取超過が拡大しているのは第一次所得収支です。海外からの利子や配当の受取額が、海外に対して支払う利子や配当の額を超過しており、その超過幅が拡大しているということです。これまでみてきたとおり、日本の会社は国内でモノをつくって販売するより、現地で生産して販売するようになっています。日本の会社（本社）は現地法人（子会社）の株式を保有し、お金を貸すこともあります。現地法人の利益が増えれば、それに伴い受け取る配当が増えます。また、現地法人の事業が拡大すれば必要な事業資金が増え、それが本社からの貸付増加につながれば、本社が受け取る利子も増えることになります。日本の会社が海外で稼ぐ方法は、輸出から現地生産に変わっています。それは、貿易収支より第一次所得収支の受取超過額が大きくなったという経常収支の構成の変化に表れているのです。

Column　インターネットの普及で国の垣根が低くなる（越境EC）

最近ではインターネットやスマートフォンの普及により、個人がインターネットを通じてモノやサービスを購入する**電子商取引（EC：Electronic Commerce）**の利用が増えています。国をまたいで行われる**越境EC**も増えています。

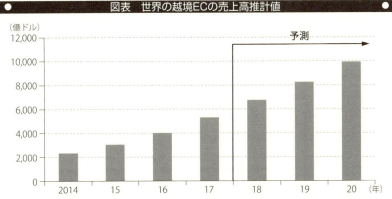

図表　世界の越境ECの売上高推計値

（出所）　経済産業省「平成29年度 我が国におけるデータ駆動型社会に係る基盤整備（電子商取引に関する市場調査）報告書」（元データはAlizila,Jan2017）より筆者作成

　UNCTAD（国際連合貿易開発会議）が2017年に公表した"INFORMATION ECONOMY REPORT 2017 DIGITALIZATION, TRADE AND DEVELOPMENT"によれば、世界の中で、越境ECを利用する消費者数が一番多いのは中国です。

　中国の消費者が越境ECを通じて日本製品を購入することも増えています。経済産業省の報告書（前掲図表と同じ）によれば、2017年の購入額は約1.3兆円（前年比2割増）であり、2021年には2.8兆円まで増加すると推計されています。

　JETRO（日本貿易振興機構）ウェブサイトの「中国の消費者の日本製品等意識調査（2017年12月）」（57頁「越境ECで商品を購入する理由」の表）によれば、中国の消費者が越境ECで日本から商品を購入する理由で最も多いのは「中国内では店頭で販売されていない製品だから」ですが、2番目に多いのは「日本に旅行をしたときに購入して気に入った製品だから」という回答です。日本に来る中国人旅行客の増加は、滞在中の宿泊費や飲食費、お土産代などの増加だけでなく、越境ECを通じた日本製品の販売増加にもつながっているようです。

Chapter 5

研究開発で未来は変わる

Section 1 科学技術立国の展開

1 研究にはお金がかかる

　科学技術は、戦後の復興を進める上で、大きな役割を担いましたが、輸出で利益を上げる経済構造は、他国との貿易摩擦にもつながりました。高度成長期が終盤を迎えた頃には、欧米から基礎研究への**フリーライド**（ただ乗り）に対する批判が聞かれ、日本の科学技術はアジア諸国にも追いつかれはじめていました。経済成長が鈍化する中、乏しい天然資源や人口の高齢化などの課題を克服しつつ、国際競争にも勝ち残っていくために、科学技術の進歩と活用によって、経済を牽引することに期待が寄せられました。

　ところが、当時の科学技術に関わる施策は、それぞれの省庁や自治体などが個別に進めることが多く、研究開発を進める環境も十分に整備されていない状況にありました。そのような状況を打開するために、1995年に「**科学技術基本法**」が制定され、研究者や技術者の創造性が発揮できるよう、総合的で計画的な施策を進めていくことが定められました。科学技術基本法は、日本の経済社会の発展と国民の福祉の向上に寄与するとともに、世界の科学技術の進歩と人類社会の持続的な発展に貢献することを目的としています。日本の本格的な科学技術政策は、この科学技術基本法の制定からはじまったったともいえます。

図表5-1-1　科学技術基本計画

1995年	科学技術基本法成立
1996年度～2000年度	第1期科学技術基本計画
2001年度～2005年度	第2期科学技術基本計画
2006年度～2010年度	第3期科学技術基本計画
2011年度～2015年度	第4期科学技術基本計画
2016年度～2020年度	第5期科学技術基本計画

＜第5期科学技術基本計画：目指すべき国の姿＞
① 持続的な成長と地域社会の自律的発展
② 国及び国民の安全・安心の確保と豊かで質の高い生活の実現
③ 地球規模課題への対応と世界の発展への貢献
④ 知の資産の持続的創出

＜第5期科学技術基本計画：4本柱＞
ⅰ）未来の産業創造と社会変革
ⅱ）経済・社会的な課題への対応
ⅲ）基盤的な力の強化
ⅳ）人材、知、資金の好循環システムの構築

（出所）　内閣府資料より筆者作成

　科学技術基本法の制定を受け、翌96年に策定された**「科学技術基本計画」**では、研究開発投資の減少傾向や研究施設・設備の老朽化、研究開発における組織の壁などのさまざまな障害を取り除くとともに、社会や経済のニーズに対応した研究開発を推進する方針が示されました。科学技術基本計画は、その後も5年ごとを目途に見直しが行われ、2016年度からは第5期の基本計画に沿って施策が進められています。

　第5期の基本計画は、国内外の課題が次第に拡大し複雑化する一方、さまざまな技術革新によって、社会や経済が大きく変化する「大変革時代」が到来することを想定しています。そのため、第4次産業革命を積極的に推し進めることで、世界に先駆けて超スマート社会（Society 5.0）を実現し、科学技術の力で国内外の課題を解決していくことが期待されています。科学技術の研究費は、科学技術基本法の制定や科学技術基本計画の策定がはじまった頃に比べると4兆円以上増えましたが、いわゆる**リーマンショック**の影響を受けた2009年度頃からは、研究開発投資に慎重な姿勢もみられています。新しい価値の創出と

社会的実装を迅速に進めるためには、イノベーションを創出する仕組みや知的財産の戦略的活用、人材と資金の移動や結集などを進める「**人材、知、資金の好循環システム**」の構築が重要と考えられ、このシステムの構築が基本計画の4本柱の1つに盛り込まれています。

　研究費を支出した主体別（**支出源**別）にみると、研究費全体の8割程度を占める民間からの支出は、経済状況の変化などに影響を受けやすく、リーマンショック前後では2兆円近く変動しています（図表5－1－2）。近年は、民間が支出する研究費は回復基調にあるものの、16年度の研究費も07年度の水準を超えるには至っていません。16年度の研究費の支出源と**使用主体**を比較してみると、企業部門以外で使用される研究費の一部は民間から支出される構造もみえます（図表5－1－3）。国や地方公共団体からは、3兆円台前半を中心とする規模の支出が維持され、景気後退の時期にも研究開発を下支えしてきたといえますが、安定した環境で積極的な研究開発を行うためには、効率的に資金を調達する仕組みをつくることが、重要な取組みの1つといえそうです。

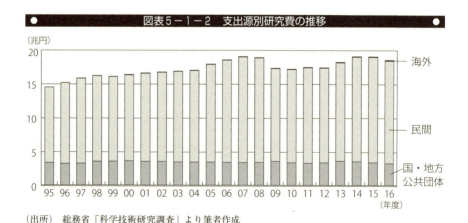

図表5－1－2　支出源別研究費の推移

（出所）　総務省「科学技術研究調査」より筆者作成

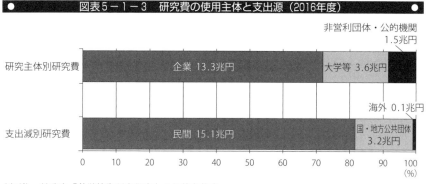

(出所) 総務省「科学技術研究調査」より筆者作成

2 国が進める研究開発

　科学技術基本計画は、国家的な規模の課題や重要な社会的課題を解決するために、国が優先して取り組む分野として、**ライフサイエンス**、**情報通信**、**環境**、**ナノテクノロジー・材料**に重点を置いてきました。また、科学技術には、すでに起きている変化への対応だけでなく、これから起きる変化を先取りすることも期待されるため、**エネルギーや宇宙・海洋開発**なども重要な分野と考えられています。国全体の研究費の構成をこれらの**重点分野**とそれ以外に分けてみると、2016年度では、全体の半分近くが重点分野に割り振られています（図表5－1－4）。

　重点分野に割り振られた研究費の推移をみると、大学や公的研究機関など（企業部門以外）では、景気が後退した時期にも一定の研究費が安定して確保されています（図表5－1－5）。国や地方公共団体から支出される研究費が、3兆円台前半を中心とする規模であることを考えると、その多くがこれらの重点分野で使われていることが推察されます。特にライフサイエンス分野では、緩やかながら研究費は増加傾向に

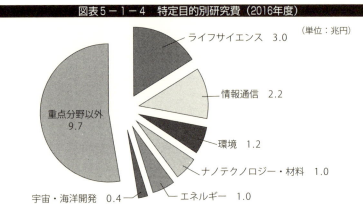

図表5−1−4　特定目的別研究費（2016年度）
（単位：兆円）

- ライフサイエンス　3.0
- 情報通信　2.2
- 環境　1.2
- ナノテクノロジー・材料　1.0
- エネルギー　1.0
- 宇宙・海洋開発　0.4
- 重点分野以外　9.7

（出所）　総務省「科学技術研究調査」より筆者作成

あり、国が進める研究の中でも重視されている分野といえそうです。

　少子化や高齢化が進む中、人口の減少は国内需要の縮小をもたらし、経済を衰退させていくことが懸念されています。人口の高齢化は**国民医療費**の増加につながり、国の財政を大きく圧迫しています。長く健康に暮らし、活き活きと社会に貢献し続けることは、多くの国民の願いでもあり、優先して対応すべき社会的課題と考えられています。世界全体に視野を広げると、**パンデミック**や**食糧問題**などの課題に有効な解決策が求められ、少子化や高齢化は多くの国でも共通の課題になっていくことが想定されます。ライフサイエンスは、適用や応用の範囲も広いため、研究開発の成果への期待が高まっています。

　一方、国が取り組む重点分野では、短期的な成果やビジネス展開が見通せない段階でも、将来の重要な課題の解決に向け、根気強く研究が続けられている分野もあります。さまざまな可能性を広げるため、重点分野以外でも、特別な応用や用途にとらわれない多様な基礎研究が後押しされてきました。しかし、国が支出する研究費の財源には、もともと国民が支払った税金で賄う部分も多く、科学技術に対する国民の理解や支

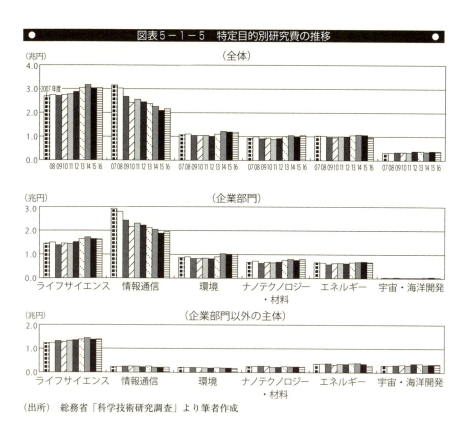

持を広げるためには、研究開発についてもガバナンスやリスクマジメントを充実させ、その情報を適切に開示していく必要がありそうです。

3 会社は成長に投資する

　国の産業の重心は、第２次産業から第３次産業に移り変わってきましたが、科学技術が国の産業に大きく貢献していることに変わりはありません。満足度の高いサービスを提供するためには、優れた素材・器具や効果的なトレーニング環境などが求められます。海外からも評価され

る高品質の商品を製造・販売するためには、質の良い原材料や精度の高い製造機械なども必要です。検査や計測、集計や分析などを速く正確に行うことは、利用者や消費者のニーズにあわせた的確なサービスや商品をタイムリーに提供することにも貢献しています。科学技術の発達は、その国で提供されるサービスや商品の質を高め、産業や生活の水準を決めることにもつながります。

　AIやロボット技術などを軸にして、第4次産業革命が展開していくとすれば、情報通信はその成否を分ける重要な分野といえます。しかし、**IoT（Internet of Things）** や **ビッグデータ** などを利用する技術は、すでにさまざまなサービスや商品に導入され、実用化が進められています。高度な通信機能やAIによる分析なども、ライフサイエンスや環境、エネルギーなどの分野で実装されはじめています。社会・経済の変化や科学技術の進歩などに伴って、情報通信に関わる事業を行う会社の関心は、情報通信分野での研究開発だけでなく、その成果を活用した事業展開を進めることに移りはじめているのかもしれません。

　企業部門が情報通信分野で使用する研究費は、以前は3兆円規模に達していましたが、2016年度は2兆円以下の水準にまで減っています。一方、ライフサイエンスや環境、ナノテクノロジー・材料、エネルギーの各分野では、緩やかながら研究費は増加しています。事業化に時間がかかりそうな宇宙・海洋開発の分野では、研究費が抑制されている点からみても、会社は近い将来に事業を成長させる可能性がある分野を中心に、研究開発投資を行っているといえるでしょう。

　研究開発は、その性格によって、**基礎研究・応用研究・開発研究** に大別できますが、16年度に企業部門が基礎研究に使った費用は1兆円程度にとどまる一方、開発研究には10兆円以上が使われています（図表5－1－6）。すでに学んだように、会社は **安全性** や **収益性** だけでなく **成長性** でも評価されるため、成長に向けた投資は重要です。会社の現在

の安全性や収益性は、会社が過去に行った研究開発や設備投資、人材育成などの成果で成り立っているといえますが、将来の成長性には、会社が現在行っている取組みが、大きな違いとなって現れてきます。企業部門の研究開発が活発になっている分野は、新たな事業展開によって、成長が期待されている分野といえそうです。

　一方、企業部門の性格別研究費を時系列に並べてみると、開発研究の費用が、リーマンショック後の09年度頃に1兆円以上縮小したのに対して、基礎研究や応用研究に使われた費用の変動幅は相対的に小さく、景気が後退した時期にも一定の研究費が供給されていたことがうかがえます（図表5－1－7）。コスト削減を優先するのであれば、事業化から遠い基礎研究などに使う費用は、大きく削られそうにも思えますが、実際には、地道な研究が安定して行われていた可能性もあります。基礎研究や応用研究を行えるような会社は、比較的しっかりとした財務基盤を持つ大会社に限られていることなども考えられますが、将来の成長に向けた長期的な視点で、研究開発投資を続けてきた会社は少なくないのかもしれません。景気の変動などに振り回されず、地道な研究開発に

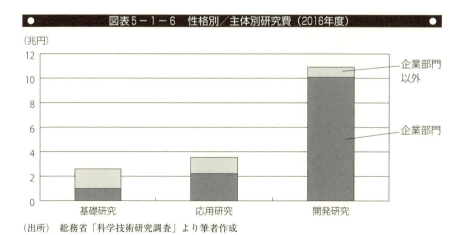

図表5－1－6　性格別／主体別研究費（2016年度）

（出所）　総務省「科学技術研究調査」より筆者作成

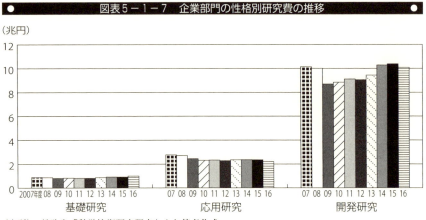

図表5-1-7　企業部門の性格別研究費の推移

（出所）　総務省「科学技術研究調査」より筆者作成

よって、着実に底力を蓄えてきた会社には、将来に大きく発展する潜在力が秘められているように思えます。

4　海外に展開する科学技術

　人口が減少し、国内の市場が縮小していくことが懸念される中、成長を模索する会社は、活躍の場を海外にも広げています。品質の高い日本製品や日本の高い技術は海外でも評価され、Made in JapanやMade by Japanは世界で人気を集めています。特に、経済が急速に発展しつつあるアジアでは、**インバウンド観光**の拡大なども手伝って、日本の商品やサービスへの評価が高まっているようです。また、課題先進国といわれる日本には、さまざまな課題の解決につながる技術も蓄積されているため、その技術を海外でも活用し、持続可能な社会をつくることに貢献することも期待されています。

　海外で品質の高い商品やサービスを提供するためには、日本の技術を海外に移転していくことも必要になります。日本と海外との**技術貿易**

（特許権、ノウハウの提供や技術指導等）の推移をみると、**技術輸入額は緩やかに減少している**のに対し、技術輸出額はこの10年間で大きく伸びてきたことが見て取れます（図表5－1－8）。**技術輸出**の受取りが大きい相手国としては、米国や中国、タイなどがあげられます。

2016年度の技術輸出の内訳をみると、そのほとんどは製造業によるものです（図表5－1－9）。業種別でみると、輸送用車両やその部品などを製造する**輸送用機械器具製造業**が6割以上を占め、この分野では特に海外進出が進んでいることがうかがえます。**医薬品製造業**では、ヨーロッパや北米を中心に、4,400億円あまりの技術輸出がありますが、1,400億円程度の技術輸入もあり、この業種では技術移転が相互に行われているものとみられます。製造業以外の分野では、情報通信業で技術輸入が技術輸出を上回っている点に特徴があり、この分野では海外のほうが先行している技術が少なくないことも推察されます。

日本の研究開発の状況を、研究開発が盛んないくつかの国と比べてみると、研究費の大きさでは、GDPが大きい米国や中国に次ぐ水準にありますが、その金額は両国の研究費の半分以下にすぎません。研究費の**対GDP比率**や研究者1人当りの研究費でみても、日本は首位を獲得で

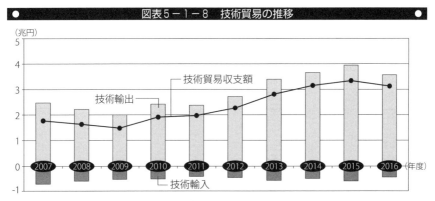

図表5－1－8　技術貿易の推移

（出所）　総務省「科学技術研究調査」より筆者作成

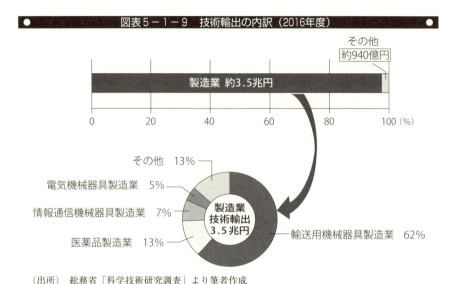

(出所) 総務省「科学技術研究調査」より筆者作成

きているわけではありません。研究者の数でも、人口が多い中国や米国に次ぐ位置にはありますが、人口1万人当りでみると韓国の水準を下回っています（図表5－1－10）。

　人口が増加している地域や経済発展が急速に進んでいる国は、世界が注目する市場でもあります。日本が内向きの研究や自前主義の開発にこだわれば、海外の市場は他国からの技術に席巻されてしまう可能性もあります。海外展開を進める上では、研究開発を行っている国は日本だけではなく、すべての分野で日本がリードできているわけではないことも認識しておく必要があります。

　海外進出先の国には、それぞれの国の特徴や事情があり、現地で求められる商品やサービスは、必ずしも日本と同じではありません。たとえば、水が不足している国では、少量の「おいしい水」を製造するより、安全に飲める水や洗浄に使える水を大量に供給してくれるほうが、多くの人に役立つに違いありません。国内では人気がある高機能の製品で

も、販売される値段が高ければ、現地ではそれほどニーズがないかもしれません。日本の技術輸出は、これまでのところ、日本の親会社と海外の現地法人等との間での**親子会社間取引**が全体の7割以上を占めていますが、進出先のニーズに応えるためには、現地での共同研究や共同開発などを広げていく必要もありそうです。

　科学技術の成果が、その国の産業や生活の水準を決めることにつながるとすれば、技術移転を進めることは、相手国の発展に貢献することにもつながります。しかし、資金量や研究者の数が多ければ、進出先のニーズに応えられるというわけでもありません。進出先の国に価値を提供し、発展に貢献するためには、相手国の特徴や事情をよく理解することが重要です。進出先の事業者や消費者だけでなく、働く人々や地域住民などを含めた、さまざまなステークホルダーとも連携しながら、科学技術が生み出す価値を高めるためのバリューチェーンをつくっていくことが期待されるところです。

図表5－1－10　科学技術立国：日本と海外の比較

	日本	米国	ドイツ	中国	韓国
研究費 （億ドル）	1,806	5,029	1,148	4,088	741
研究費の対GDP比率 （％）	3.42	2.79	2.93	2.07	4.23
研究者数（専従換算値） （万人）	66.6	138.0	38.8	161.9	35.6
人口1万人当り研究者数 （専従換算値：人）	52.5	42.9	47.5	11.8	70.4
研究者1人当り研究費 （千米ドル）	271.4	364.4	295.8	252.5	207.7

（注）　比較している年度は国や項目によって異なる。
（出所）　総務省「科学技術研究調査」より筆者作成

Column もっと協力はできませんか？

　科学技術の発達を社会や経済の発展に結びつけるためには、産業と学術が連携すること（産学連携）は重要です。科学技術基本計画などでも、産学連携を推進していく方針が示され、民間と大学等で実施される共同研究や受託研究の実施件数は、年間3万件程度まで増加しています。民間との共同研究や受託研究を通じて、大学等が民間から受け入れる金額も、年間600億円を超える水準に増えてきています。しかし、企業部門が使用する研究費が年間13兆円程度の規模であることを考えると、600億円という金額はそれほど大きくないようにも思えます。共同研究1件当りの金額では、1千万円未満の案件が9割以上を占め、1億円以上の案件は全体の0.1％にとどまっています。

　産業と学術では、研究する目的が異なるため、研究の対象や方法が違っても不思議はありません。研究者や研究者が所属する組織の性格が異なれば、費用や時間の使い方にも、それぞれの言い分がありそうです。それでも、社会的な課題を解決するためには、産業や学術の知恵を結集することは重要です。社会的な課題を解決する上では、政府も加わった「産学官」の連携もみられますが、政府の財政には厳しい状況が続いているため、近年では、研究資金を効率よく調達できるように、金融機関も含めた「産官学金」の連携が期待されています。お金の話を含めて幅広い連携を進めるためには、研究者にとっても、金融や経済のリテラシーを身に付けておくことは、何かと役に立ちそうな気がします。

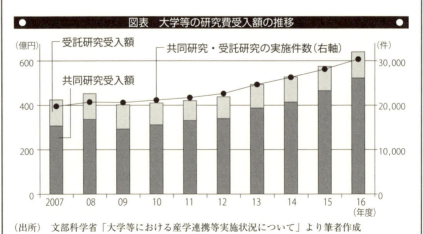

図表　大学等の研究費受入額の推移

（出所）　文部科学省「大学等における産学連携等実施状況について」より筆者作成

Section 2 未来を拓く理系人材

1 経済効果を生み出す研究開発

　日本全体でみると、2016年度の研究費約18.4兆円は、国のGDPの3％以上に相当し、研究開発そのものにも、一定の経済効果があると考えられます。研究費の7割以上は企業部門で使われ、そのうちの8割以上を製造業が占める構造になっているため、日本の産業や生活の水準を高めてきたノベーションには、製造業による研究開発が大きな役割を担ってきたといえそうです（図表5－2－1）。一方、経済の重心が第2次産業から第3次産業に移っていることをみると、価値を生み出す起点は、モノからヒトに移りつつあることも示唆されます。

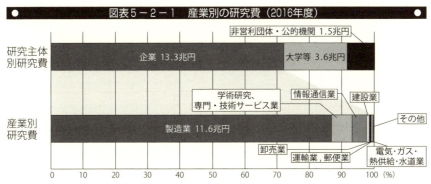

図表5－2－1　産業別の研究費（2016年度）

（出所）総務省「科学技術研究調査」より筆者作成

製造業の研究開発を業種別にもう少し詳しくみると、**輸送用機械器具製造業**の（社内使用）研究費が最も多く、多数の研究者が活躍していることがわかります（図表5－2－2）。また、**情報通信機械器具製造業**や**電気機械器具製造業**、**業務用機械器具製造業**など、輸送用以外でも、機械器具を製造する業種では、研究開発が盛んに行われていることがうかがえます。これらの業種には、海外進出を積極的に進める会社も多く、厳しい国際的な競争にさらされる中で、進出先の市場で勝ち残っていくために、研究開発に力を入れていることが推察されます。

医薬品製造業と情報通信機械器具製造業は、研究費の金額は比較的近い水準にありますが、医薬品製造業の研究者数は、情報通信機械器具製造業に比べて5万人以上少なくなっています。医薬品製造業の研究者数は、研究費が4割近く少ない**化学工業**と比べても3分の2程度です。どこにお金をかけるかは、業種の特性や会社の考え方によって、戦略が大きく異なっているようです。

図表5－2－2　製造業の業種別社内使用研究費（2016年度）

製造業の分類	社内使用研究費（億円）	研究者数（人）
食料品製造業	2,267	12,118
繊維工業	1,395	5,424
パルプ・紙・紙加工品製造業	294	1,527
印刷・同関連業	258	1,728
医薬品製造業	13,516	21,565
化学工業	8,494	33,862
石油製品・石炭製品製造業	454	1,703
プラスチック製品製造業	1,885	8,896
ゴム製品製造業	1,629	6,257
窯業・土石製品製造業	1,452	5,778
鉄鋼業	1,577	4,539
非鉄金属製造業	1,382	5,582
金属製品製造業	920	7,574
はん用機械器具製造業	3,064	14,789
生産用機械器具製造業	5,093	23,455
業務用機械器具製造業	10,890	46,954
電子部品・デバイス・電子回路製造業	6,075	29,413
電気機械器具製造業	11,211	38,040
情報通信機械器具製造業	13,572	72,484
輸送用機械器具製造業	29,255	78,115
その他の製造業	1,065	6,941

（出所）　総務省「科学技術研究調査」より筆者作成

2016年度の製造業の研究費を費目別に分解してみると、人件費に使用される金額が最も大きく、全体の4割程度を占めています（図表5－2－3）。研究開発を行うためには、実験用の模型や試作品等をつくることも多く、原材料費にも年間2兆円近い資金が支出されています。研究開発を行うためには施設・設備やソフトウェアなども必要になり、有形／無形の固定資産などにも約1兆円が使われています。「その他の経費」には、少額の装置・備品や旅費・通信費・印刷費などが含まれますが、外部に委託した試験・検査等の費用も、この費目に分類されています。小さな金額の積重ねとみられる「その他の経費」にも、年間4兆円程度が使用されていることから考えると、研究開発はさまざまな方面にお金を使う「裾野の広い産業」といえそうです。

　裾野の広い産業は幅広いサプライチェーンを持つことを意味するため、サプライチェーンの各段階でイノベーションを起こせる可能性があります。研究開発のプロセスでも、PDCAサイクルを活用して、機会やリスクなどを洗い出す必要がありそうです。また、社会全体を「価値を生み出す**バリューチェーン**」ととらえれば、研究開発が生み出す価値の源泉は、消費者や社会、投資家などのステークホルダーとの関わりの中にも発見できるかもしれません。研究開発を起点とする方向だけでなく、社会の変化に対応する研究開発を進める視点を持つことで、新たな**ブレークスルー**を生み出し、経済効果を高めていくことが期待されます。

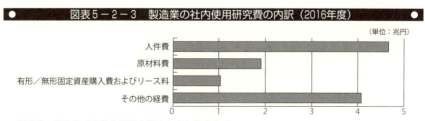

図表5－2－3　製造業の社内使用研究費の内訳（2016年度）

（出所）　総務省「科学技術研究調査」より筆者作成

2 変化する社会と研究人材

　社内使用研究費に占める人件費と「その他の経費」の比率を、業種別に表してみると、医薬品製造業や輸送用機械器具製造業、鉄鋼業では、「その他の経費」の比率が人件費を上回っています（図表５－２－４）。知識や技術の専門化や先端化が著しい分野では、１つの会社だけで完結できる研究開発には限界もあり得ます。厳しい競争の中で、しのぎを削る会社にとって、社外の経営資源を利用して、研究開発の効率化を図り、時間や費用を節約することは重要です。急速な変化に対応するためには、社外で行われた研究開発の成果や他社が開発した技術を、積極的に活用していくことも有効です。大学などの研究機関と共同研究を行ったり、デザインや試作品の製造、試験や検査などを外部に委託したりすることで、研究開発の効率や成果を高めている会社は少なくありません。近年では、「時間を買う」ために、他社から知的財産を買い取ったり、研究開発ベンチャーを買収したりする事例も増えています。

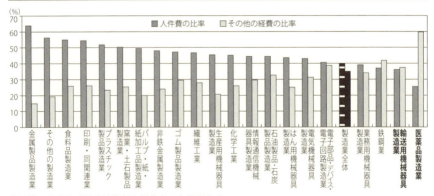

図表５－２－４　社内使用研究費に占める人件費とその他の経費の比率（2016年度）

（出所）　総務省「科学技術研究調査」より筆者作成

事業活動の中で、研究開発がどのような位置づけにあるかを知るために、売上高に占める研究費の比率を業種別に比較してみると、医薬品製造業や業務用機械器具製造業、情報通信機械器具製造業などで、研究費の対売上高比率が高いことがわかります。これらの業種は、売上高の規模が大きい輸送用機械器具製造業に比べると、研究費の金額は半分にも及びませんが、事業活動の中で研究開発が重要な位置づけにある業種といえそうです（図表5－2－5）。一方、業種別の研究費を、人件費や原材料費などとして社内で使用する部分と社外に支出する部分に分けてみると、輸送用機械器具製造業や医薬品製造業などでは、社外に支出する研究費の比率が高いことも見て取れます。研究開発に対する考え方や取組み方、外部資源の活用の程度などは、業種や会社によって大きな違いがあり、人が担う役割はそれぞれ異なるようです。

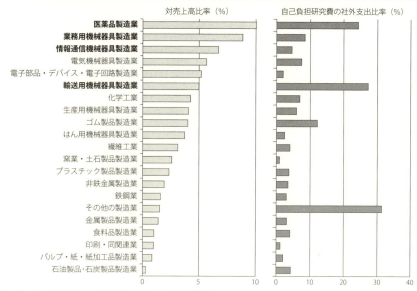

●図表5－2－5　研究費の対売上高比率と自己負担研究費の社外支出比率（2016年度）●

（出所）　総務省「科学技術研究調査」より筆者作成

同じ業種や会社でも、研究開発のプロセスに新たな技術や製品を導入したり、社外の経営資源の活用を広げたりすれば、人が担う役割は変わってきます。企業部門の研究人材について、研究者と研究者以外の関係者（研究関係者）に分けて、その数の推移をみると、研究関係者の数は、緩やかながら減少傾向にあります（図表5－2－6）。IT化や外部資源の活用などにより、研究に関わる周辺の仕事が代替され、研究関係者の仕事が減ってきたとすれば、AIやロボットなどの導入によって肩代わりされる仕事は、さらに広がっていく可能性もあります。

　研究者の数は、この10年ほど大きく変わっていませんが、景気が回復基調に入ってからも、目立った増加傾向がみられていない点は、気になるところです。科学技術の進歩は、計算や予測の精度や速度などを高め、仮想空間でのシミュレーションなどによって、これまで人手をかけてきたプロセスにも代替できる領域が広がっているのかもしれません。理系人材が活躍する場を選ぶ際に、どのような性格の組織で、どのような役割を担うかを明確にするためには、広い視野を持って、さまざまな情報を集め、その情報を多角的に分析しておく必要がありそうです。

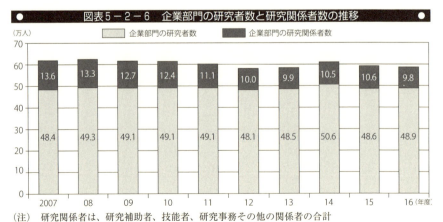

図表5－2－6　企業部門の研究者数と研究関係者数の推移

（注）　研究関係者は、研究補助者、技能者、研究事務その他の関係者の合計
（出所）　総務省「科学技術研究調査」より筆者作成

3 Society 5.0と働き方

　ここまで、企業部門の研究費を業種別や費目別、社内や社外などに分けてみてきましたが、研究費を研究者1人当りに割り振ってみると、その業種で1人の研究者が携わる研究開発の規模をイメージすることができます（図表5-2-7）。しかし、会社が開示する情報や統計などに現れる数字は、過去の経過や現在に近い時点での状況を示しているにすぎないため、未来がその延長線上にあるとは限りません。

　少子高齢化による人口減少に伴い、国内消費の縮小が懸念される中、新たな研究開発や設備投資を行うことは、将来に向けてリスクを取ることにもつながります。リスクを取りたくないと思えば、過去の研究開発の成果が生む利益を最大化することに専念し、その利益を会社の内部に貯めておく選択もあり得ます。しかし、短期的なROE向上などに目を奪われ、研究開発投資が委縮すれば、個々には最適に思えるような選択でも、社会全体が成長の可能性を失うことにもなりかねません。

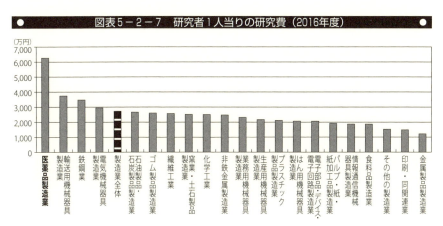

図表5-2-7　研究者1人当りの研究費（2016年度）

（出所）　総務省「科学技術研究調査」より筆者作成

情報通信機能や物流網、金融機能などが発達し、国境も簡単に越えられるボーダレスな世界では、1つの波が大きく増幅されて急速に広がることが想定されます。次々に起こる変化の波は、互いに影響し合って、予測できない影響を及ぼす可能性もあります。ところが、企業部門の研究費が売上高に占める比率は、3％台前半での動きが続いています（図表5－2－8）。これまでのところ、GDPが増加に転じ企業業績が回復しても、研究開発への投資は大きく伸びていないようです。

　すでにみたように、研究開発は日本だけが行っているわけではなく、必ずしも日本が世界の科学技術をリードしているわけでもありません。ITを利用したプラットホームやオンラインショッピング、シェアリングエコノミーやFinTechなど、産業構造を大きく変えるような技術革新では、周回遅れとさえいえる状況もみられています。世界に先駆けて、Society 5.0を実現していくためには、未来を拓く研究開発に投資する会社が増えてくることが期待されるところですが、日本の特許出願件数には緩やかな減少傾向がみられ、国際特許の出願件数も伸び悩んでいます（図表5－2－9）。

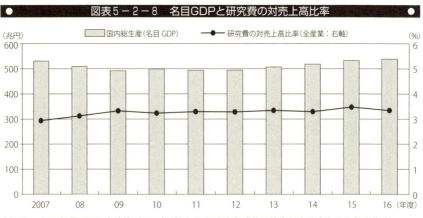

図表5－2－8　名目GDPと研究費の対売上高比率

（出所）　内閣府「国民経済計算（GDP統計）」及び総務省「科学技術研究調査」より筆者作成

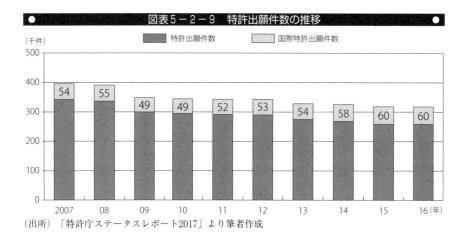

（出所）「特許庁ステータスレポート2017」より筆者作成

　会社の成長性や持続可能性を評価する上では、成長に向けて取り組んでいる研究開発（Research & Development）や会社を支えている人的資源（Human Resources）、成長を牽引するための人材能力開発（Human Resource Development）は重要な要素です。これらの要素をあわせてHRDと呼ぶとすれば、理系人材が活躍する場を選ぶ際には、HRDに関わる情報を集めて分析しておくことは重要です。

　一方、Society 5.0の時代には、AIやロボットが人の仕事を肩代わりして、人口減少に伴う人手不足の懸念は解消され、人々の働き方が大きく変わることも想定されます。体力が必要な仕事が減って、在宅でもできる仕事が増えれば、高齢になっても長く働けるようになります。行政や医療・教育などのデジタル化や遠隔化が進めば、子育てがしやすい地域を選んで住むことができ、少子化が緩和される可能性もあります。働く人々の所得と時間に余裕ができれば、国内消費が縮小することを心配する必要もなくなるかもしれません。さまざまな変化に対応していくためには、多様な可能性を視野に入れながら、複数の分野で活躍できる素養を蓄えておくことが重要になりそうです。

4 知の高度化と知の統合

　これまでの日本社会は、高度成長期に築いた工業社会の延長線上に情報社会が重ねられ、多くの面で本質的な変化を遂げることなく、時間が過ぎてきたように思えます。政府が指導や監督を行うことを前提とする規制や制度、リスクや責任を明確にしない風土、多数のメンバーシップ型社員を育てるための仕組みなどが、根強く残っていることを再認識させられる事例は少なくありません。

　しかし、規制や制度が多いと、新たな技術の導入や新規事業への参入などを進めにくい面もあります。リスク回避や現状維持の空気が広がる社会では、イノベーションやブレークスルーにつながるような挑戦は、強い抵抗に合うことになります。知識のインプットや「正解」の発見を重視する教育や能力開発では、創造的なアウトプットの能力を伸ばす効果は限られます。日本の社会がこれまでとは異なる進化を遂げ、世界に先駆けてSociety 5.0を実現していくためには、打ち破るべき壁は少なくないようです（図表5－2－10）。

図表5－2－10　Society 5.0の実現に向けて打ち破るべき壁

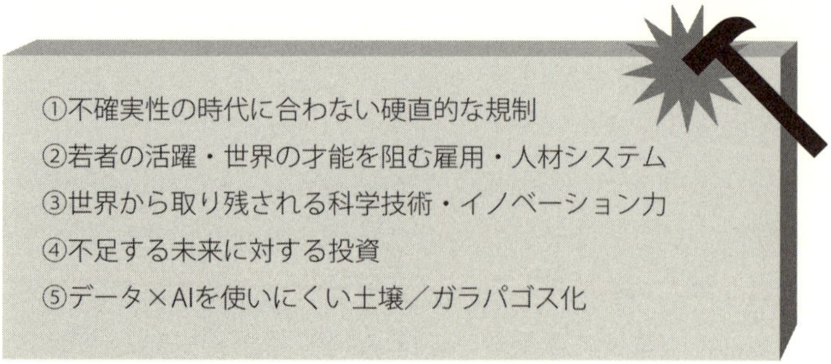

①不確実性の時代に合わない硬直的な規制
②若者の活躍・世界の才能を阻む雇用・人材システム
③世界から取り残される科学技術・イノベーション力
④不足する未来に対する投資
⑤データ×AIを使いにくい土壌／ガラパゴス化

（出所）　経済産業省「新産業構造ビジョン」より筆者作成

これまでの工業社会や情報社会に続く次の社会は、「**知の高度化**」の社会ともいえます。高度の知識や繊細な技術、高性能の機械などが、これまでとは大きく異なるモノやコトを生み出すことが期待されます。しかし、先端化や複雑化が進む社会では、1つの分野の専門的な知識や技術だけで、社会的な課題を解決や緩和に導くことは、ますます難しくなることも想定されます。深刻に絡み合った社会的課題に、科学技術の力で新たなブレークスルーをもたらすためには、国内外のさまざまなイノベーションを融合できる、開かれた「人材、知、資金の好循環システム」を構築していくことが重要です（図表5－2－11）。

図表5－2－11　第4次産業革命技術がもたらす変化／新たな展開：「Society 5.0」

(1) 「生活」「産業」が変わる
① 自動化：移動・物流革命による人手不足・移動弱者の解消
② 遠隔・リアルタイム化：地理的・時間的制約の克服による新サービスの創出
(2) 経済活動の「糧」が変わる
① 安定的な「エネルギー」と「ファイナンス」の供給
② デジタル時代の新基盤：良質な「リアルデータ」
(3) 「行政」「インフラ」が変わる
① アナログ行政からの決別
② インフラ管理コスト・質の劇的改善
(4) 「地域」「コミュニティ」「中小企業」が変わる
① 地域の利便性・活力向上
② 町工場も世界とつながる
③ 稼げる農林水産業
(5) 「人材」が変わる
① 3K現場をAI・ロボットが肩代わり
② 柔軟で多様なワークスタイルを拡大

（出所）　首相官邸：日本経済再生本部「未来投資戦略2018－『Society 5.0』『データ駆動型社会』への変革―」（概要：全体版）より筆者作成

現実に起きているイノベーションには、国内外や複数分野で生み出された技術やアイディアを、社会のニーズに合うように組み合わせて、実現に至る例が多くなっています。1つひとつのイノベーションを社会が求める価値に転換し、その価値をさらに高めるためには、「**知の統合**」も必要になります。「知の統合」では、複数の専門分野に関心を持ち、異なる分野の専門家とコミュニケーションを深めながら、最適と思われる「解」を見出していくことが求められます（図表5－2－12）。

　それぞれが違う一人ひとりに、満足のいく価値を提供するためには、さまざまな要素を考慮して、最適と思われる解を導き出す必要があります。一方、社会で起きる出来事や社会が抱える課題には、正解や最適解があるとは限らないため、幅広い分野の知識や技術を駆使しても、相対的に多くの人が納得する解（**納得解**）や、どうにか合意できる程度の解（**合意解**）にたどり着くだけかもしれません。それでも、社会的な課題を解決や緩和に近づけるためには、知の高度化と知の統合によって、過去の延長線上にある壁を打ち破っていくことが期待されます。

図表5－2－12　知の統合人材に期待される力

①社会が求めるものをいち早く嗅ぎ取る感性と
　言葉やイメージとして表現できる力
②複数の専門分野に関心を持ち、当該専門家と
　コミュニケーションができる素養
③異なる分野の知を統合し、社会が求める価値に転換できる知識と技能
④異なる分野の専門家を統率できるリーダーシップや人間的な魅力
など

（出所）　日本学術会議「報告『知の統合』の人材育成と推進」より筆者作成

Column 研究開発で会社をつくれますか？

　製造業で活躍する会社の多くは、研究開発の成果やその応用技術を事業化することからはじまっています。私たちの身近にある商品やサービスのほとんどは、会社や組織の研究開発が実を結んだものといえるでしょう。基礎研究や応用研究を行うことが多い大学からも、ITやバイオ、素材や環境など、さまざまな分野でベンチャー企業が生まれ、取引所への上場（**IPO**）を果たす例もみられています。近年では、他の会社や組織が行った研究開発の成果を活用して、消費者や利用者のニーズとマッチングさせるようなビジネスモデルもみられます。

　一方、大学発ベンチャーの設立数の推移をみると、経済状況が芳しくない時期には、資金提供者の投資意欲や消費者の購買意欲を刺激しにくいためか、会社を設立することが難しい時期があることも推察されます。また、会社を設立するためには、会社法等に基づく手続が必要になり、事業を行っていくためには、その業種を規制する法律や消費者保護の法律なども順守しなければなりません。適切な情報開示や納税を行うためには、会計や税関係の制度などについても知っておく必要があります。もちろん、このような仕事は、経営者が1人で背負うわけではありませんが、自分で会社をつくって経営者になろうと思うのであれば、経済や法律、会計や税金などについても、リテラシー程度の知識は身に付けておいたほうが良さそうです。

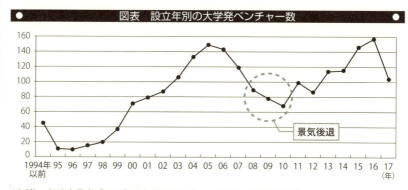

図表　設立年別の大学発ベンチャー数

（出所）　経済産業省「2017年度大学発ベンチャー調査」より筆者作成

Chapter 6

世界の課題に挑戦する

1 社会的課題と政策

　科学技術が発達して、経済や産業の規模が大きく拡大してくると、過去には経験しなかったような問題も発生してきます。天然資源を大量に使ったり、生産活動から危険な物質を排出したりすれば、さまざまな不都合も起きます。共有地や水など、多くの人が共同で利用する資源を無秩序に使うことで、資源が荒廃してしまうような事例は、「**コモンズの悲劇**」と呼ばれています。排水や排煙、廃棄物などを適切に処理する費用を負担せず、利益だけを得ようとする**フリーライド**が多くなれば、周辺の環境も日々悪化していくに違いありません。

　ある主体の行動が、他の主体にマイナスの影響を及ぼすことは、「**負の外部性**」や「**外部不経済**」などと呼ばれますが、社会的課題の多くは、負の外部性の拡大が原因となっています。社会的課題を解決や緩和に導く政策は、負の外部性を小さくしたり、「正」の方向に向かわせる仕組みをつくったりする取組みともいえるでしょう。

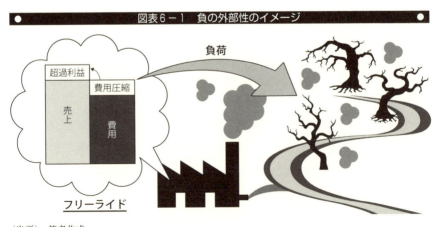

図表6-1　負の外部性のイメージ

（出所）　筆者作成

1960年代の日本では、工業生産が急速に拡大してきたことによって、産業公害が深刻な社会問題になり、その対策として1967年に**公害対策基本法**が制定されました。70年に開かれたいわゆる「**公害国会**」（第64回国会）では、公害問題について集中的な討議が行われ、公害対策を進めるために、個別の分野でも多数の法律が定められました。

　1990年代になると、負の外部性の原因は産業だけにとどまらず、生活ゴミや生活排水、自動車の排出ガスなど、日常生活からの排出物による影響も次第に大きくなってきました。社会的課題の焦点が、局所的な公害対策から自然環境全体の保護に移ってきたことを受け、従来の公害対策基本法は廃止され、**環境基本法**が制定されました（1993年）。

　産業活動や日常生活に**大量生産⇒大量消費⇒大量廃棄**が広がると、天然資源が乏しい日本では、廃棄物の適切な処理だけでなく、資源の有効利用も課題になってきます。資源を有効に利用する「**循環型社会**」の形成を進めるため、2000年に**循環型社会形成推進基本法（循環基本法）**が制定され、個別の分野でも自動車や家電、食品、容器包装、建設などについて、それぞれリサイクルを進める法律が定められてきました。

図表6-2　環境課題に対する対応のイメージ

1960年代〜 産業公害対策
- 公害対策基本法
- 大気汚染防止法
- 水質汚濁防止法
- 海洋汚染防止法
- 騒音規制法、など

1990年代〜 地球環境保護
- 国際協調の枠組み
- 国連気候変動枠組条約
- 生物多様性条約、など
- 環境基本法
- 環境基本計画
- 循環基本法、など

（出所）　筆者作成

一方、人口の増加や経済活動の拡大は、自然環境の破壊だけでなく、野生生物の絶滅やエネルギーの枯渇などをもたらすことも懸念されます。自然環境や天然資源を保護することは、国際社会に共通の課題でもあるため、国際的に協調しながら解決を進める動きも広がっています。1992年に開催された国連環境開発会議（**地球サミット**）では、「気候変動に関する国際連合枠組条約（**国連気候変動枠組条約**）」や「生物の多様性に関する条約（**生物多様性条約**）」などが合意されています。その後も「**京都議定書**」や「**パリ協定**」に代表される国際的な協調により、地球全体で環境や資源を保護する取組みが進められています。

　政府が法律などで**規制**することは、負の外部性を罰則によって抑制する方法ともいえます。各主体を望ましい行動に誘導する方法としては、法律以外にも、負の外部性を持つ行動に**税金**をかけたり、正の外部性を持つ行動を**補助金・助成金**などで支援したりすることが考えられます。たとえば、石油などの使用に税金をかけて、化石燃料の使用量を減少させたり、リサイクルを実施している会社に資金を援助したりする方法です。そのような方法は、仕組みを考案した経済学者（Arthur. C. Pigou）

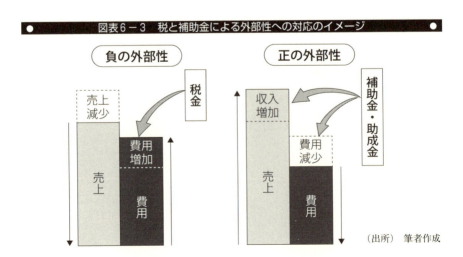

図表6-3　税と補助金による外部性への対応のイメージ

（出所）筆者作成

にちなんで、**ピグー税**や**ピグー補助金**と呼ばれることもあります。

　日本は地球規模の温暖化に対応した**脱炭素社会**の実現に向け、2050年までに**温室効果ガス（GHG）**の排出を80％削減することを目指しています。GHGの大半はCO_2が占めているため、エネルギー消費を起源とするCO_2の排出を抑制することを目的として、2012年に「地球温暖化対策のための税」が創設されました。このほかにも、水源税や森林環境税など、持続可能な社会に向けた税の導入も進められています。

2　社会的課題へのさまざまなアプローチ

　社会的な課題を解決するために、規制や税金などを使う方法には、一定の効果が期待できますが、すべての場合に最善の策になるとは限りません。事業者に規制の基準を満たすことを求める場合、その報告を審査したり、実施状況を検査したりすることにもコストはかかります。変化を先取りして、規制を見直すことができなければ、研究開発や実証実験などの障害となり、科学技術の発達を妨げる可能性もあります。

　税金を使った対策は、税負担に伴う費用の上昇により、事業者が原材料や製造方法などを見直すことを促すとともに、費用の増加分を商品やサービスの価格に上乗せすることで、消費量を抑制する効果が期待できます。しかし、規制が届かない海外の事業者との競争が厳しい場合などには、国内事業者の事業を圧迫することにもつながります。

　社会的な課題を解決する上では、規制や税金などによって、「望ましくないこと」を制限するだけでなく、「望ましいこと」を増やすために、事業者の**インセンティブ**を高めるような方法も考えられます。環境やエネルギーに関わる分野は、関係する事業者やステークホルダーも多いため、利害関係を調整しながら「望ましいこと」を増やすために、さまざまなアプローチが試みられてきました。ここではそのようなアプ

ローチの中から、いくつか特徴的なものを紹介しておくことにします。

(1) **排出量取引（キャップ・アンド・トレード）**

　CO_2などを排出する事業者に**排出枠（キャップ）**を割り当て、実際の排出量が排出枠を下回った場合には、排出枠を上回った事業者に対して、その余剰分を**売却（トレード）**できるような仕組みを指します。割当てを受けた事業者にとっては、余剰分を売却できることが、ビジネスのプロセスを見直したり、エネルギー効率の高い機器に買い替えたりするインセンティブになります。排出量を減らす努力をしなければ、排出枠を購入する費用を支払うことになるため、多くの事業者がCO_2の削減に取り組む必要があり、全体として削減目標の達成が期待できる仕組みになっています（図表6－4）。

(2) **固定価格買取制度（Feed In Tariff：FIT）**

　再生可能エネルギー（再エネ）の導入を推進するために、太陽光やバイオマス、地熱や風力などで発電された電力を、一定の期間にわたって電力会社が固定価格で買い取ることを義務づける制度です。電力会社が再エネ電力を買い取る費用の一部が、賦課金として電力の利用者などか

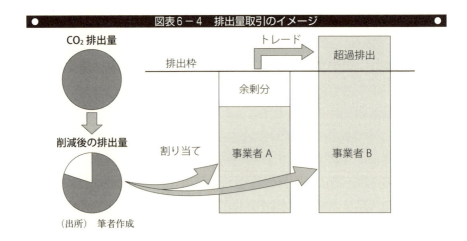

図表6－4　排出量取引のイメージ

（出所）筆者作成

ら徴収される場合には、税金に近い性格もある仕組みといえます。再エネ発電を行う事業者にとっては、建設コストをかけて発電設備をつくった場合でも、長期にわたって収入の見通しが立てやすくなるため、再エネの普及が進みやすくなると考えられています。

(3) トップランナー制度

　エネルギーは生産活動を行う部門だけでなく、オフィスビルや小売店・飲食店、学校や病院などでも消費されています。トップランナー制度は、店舗や一般家庭、交通や物流などで多く使用される機器について、エネルギー消費を抑制するための制度として導入されました。この制度は、基準を設定する時点で市場にある製品のうち、最も**エネルギー効率**が優れたものをベースとして、エネルギー効率の目標が設定される仕組みで、製造事業者には一定の期間内にその目標を達成することが求められます。自動販売機や冷蔵庫、電子レンジ、テレビ、エアコン、プリンターなどの幅広い品目の機器が対象とされ、「**省エネ性能**」を示すラベルを表示することで、消費者にわかりやすく情報提供し、消費者が選びやすくなるような工夫などもされています。

3 社会的責任とESG投資

　規制や税金、補助金などを使って、社会的な課題を解決や緩和に向かわせる取組みは、外部から罰則や経済的な利益／不利益などの影響を与えて、各主体の行動を変える仕組みといえます。しかし、規制や基準を設けても、社内で不適正な検査を行ったり、報告データを改ざんしたりして、規制をすり抜けようとする事業者もあり得ます。研究費をかけてエネルギー効率の高い製品を開発しても、「安くなければ買わない」という消費者が多ければ、望ましい製品を普及させることはできません。社会的課題を解決するためには、関係するステークホルダーが、それぞ

れの**社会的責任**について、どのような意識を持っているかが重要です。

　社会に大きな影響を与える会社の中には、社会的責任（Corporate Social Responsibility：CSR）を自覚して、社会的課題の解決や緩和に努力している会社は少なくありません。多数の大会社や主要業種の団体などが所属する日本経済団体連合会（経団連）は、「**企業行動憲章**」や「**低炭素社会実行計画**」などを通じて、自主的な取組みを進めています。近年では、2050年までに再エネ100％を目指す「**RE100**」のようなグローバルな取組みに自主的に参画する会社もみられます。グローバルに展開する会社は、天然資源の不足や地球環境の悪化などが深刻になれば、事業の継続性が脅かされることになるため、社会的課題への対応は会社を持続可能にすることにもつながります。また、世界の市場では、社会的課題への対応をリードする会社を高く評価する傾向も強まっているため、会社のブランド価値を高める効果も期待できます。

　会社の社会的課題への対応などを、投資対象としての評価に組み込む投資は、**社会的責任投資**（Socially Responsible Investment：SRI）と呼ばれています。SRIの伝統的な手法としては、好ましくない行動をとる会社を選別して投資対象から外したり（**ネガティブ・スクリーニング**）、すでに投資している資産を売却したりする方法（**ダイベストメント**）などがあります。近年では、社会的課題の深刻化や起業不祥事の増加などに伴って、環境（Environment）、社会（Social）、ガバナンス（Governance）の要素を評価する**ESG投資**が広がっています。

　ESGという言葉は、2006年に国連で提唱された「**責任投資原則**」（Principles for Responsible Investment：PRI）をきっかけに、広く知られるようになり、これまでに世界で多数の会社や組織がPRIに署名しています。ESG投資では、投資する際に財務諸表などから読み取れる財務情報だけでなく、ESGの要素を含む**非財務情報**も考慮されます。ESG投資は、投資から得られる直接的な経済的リターンだけでなく、社会全体

に対する間接的なリターンも考慮した投資といえます。

　日本では、ESG投資が広がるまでに比較的時間がかかりましたが、2015年に年金積立金管理運用独立行政法人（**GPIF**）がPRIに署名した頃から、大きく流れが変わってきました。大量の資金を持つGPIFは、その運用を委託する先の機関にも、ESGを考慮した取組みを求めています。株主は法律の上では有限責任とされていますが、株主が会社を所有しているとすれば、無責任でよいとは考えられません。

　第2章でみた「日本版スチュワードシップコード」は、年金基金などの資産を保有する機関投資家（**アセットオーナー**）とその資産の運用者としての機関投資家（**運用機関**）に対して、投資先企業の持続的成長に向けて、スチュワードシップ責任を適切に果たすことを求めています。アセットオーナーや運用機関がESG投資に動き出したことで、投資対象となる会社側でも、ESGに対する関心が高まっています。

　機関投資家が適切にスチュワードシップ責任を果たすためには、投資対象となる会社から、正確でわかりやすい情報が、適切な方法で開示される必要があります。同じく第2章で触れた「コーポレートガバナン

図表6-5　SRIとESG投資のイメージ

（出所）　筆者作成

ス・コード」は、上場会社に対して「適切な情報開示と透明性の確保」を求めています。近年では、ESGに関わる内容をまとめた**ESG報告書**や**CSR報告書**、財務情報と**非財務情報**を統合した**統合報告書**などを発行して、情報開示に努める会社が増えています。

4 人間開発とSDGs

経済的な指標だけでは表せない社会の進歩や豊かさについて、国連開発計画（UNDP）は、人間開発（**H**uman **D**evelopment）という考え方を提示しています。人間開発では、経済的な豊かさに加え、健康や安全、教育や信条などを含めた生活の豊かさにも焦点をあわせ、**人々こそが、その国の富**と考えられています。UNDPは、世界の国・地域の人間開発の状況を調査して、人間開発指数（**HDI**：Human Development Index）を公表しています。「人間開発報告書2016」では、2015年の日本のランキングは、188の国や地域の中で17位とされています。

人間開発は、人々がそれぞれの可能性を開花させ、人生を開拓できる環境をつくることで、**自由な意思に基づく選択肢を広げること**と考えられています。政府や組織、会社や国民が、人間開発についてどのように考え、行動しているかによって、豊かさには大きな違いが表れてきます。人間開発指数を詳しくみると、平均余命や就学年数、1人当りのGNI（国民総所得）などの状況を知ることができますが、男女の平等や女性の活躍、社会に出てからの継続的な教育などの面では、日本にも改善を続けるべき点は少なくありません。人間開発（**HD**）は、第5章でみたHRDの基盤となる重要な要素といえます。理系人材がどのように活躍していくのかを考える際には、人間開発の視点から会社や組織、社会の状況などを分析することも必要になりそうです。

一方、世界に目を向けると、日本の位置づけが17位にあることは、

日本と同じ程度の社会の進歩や豊かさを享受できていない国が、世界には多数あることも意味します。開発途上国と呼ばれる国や地域について、水や電力の利用状況を図表に表してみると、安定した電力や安全な飲料水を利用できていない国や地域が、世界には多数あることを改めて認識させられます（図表6−7）。

世界全体でみれば、人間開発は前進を遂げてきたといえますが、取り残されてきた人々や、見過ごされてきたことは少なくありません。水や電力に限らず、世界には貧困や飢餓、医療や教育の不足、気候変動や自然災害など、人間開発を妨げる課題が山積しています。2015年に開催された国連サミットでは、2016年から30年までの国際目標として、「持続可能な開発のための2030アジェンダ」が採択されました。

このアジェンダには、相互に関連した17のゴールと169のターゲットからなる具体的な「持続可能な開発目標（SDGs：Sustainable Development Goals）」が示されています。優れた科学技術を培ってきた日本には、国内の課題解決に取り組むだけでなく、世界でSDGsの達成に貢献していくことが期待されています。ダムや発電所をつくったり、社

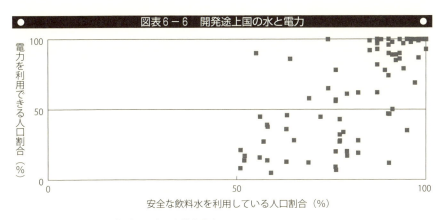

図表6−6　開発途上国の水と電力

（出所）　総務省「世界の統計2018」より筆者作成

会の仕組みを変えたりすることは、1人では難しい仕事ですが、専門分野や国境を越えて多くの人々が協力すれば、成し遂げられる可能性は高まります。SDGsが世界に共通の目標であるとすれば、誰一人として無関係な人はいないはずです。一人ひとりができることからはじめ、できることを増やし、根気強く広げていくことで、やがて大きな実が結ばれることを信じたいと思います。

図表6-7　持続可能な開発目標（SDGs）

1	あらゆる場所あらゆる形態の貧困を終わらせる
2	飢餓を終わらせ、食料安全保障及び栄養改善を実現し、持続可能な農業を促進する
3	あらゆる年齢のすべての人々の健康的な生活を確保し、福祉を促進する
4	すべての人に包摂的かつ公正な質の高い教育を確保し、生涯学習の機会を促進する
5	ジェンダー平等を達成し、すべての女性及び女児の能力強化を行う
6	すべての人々の水と衛生の利用可能性と持続可能な管理を確保する
7	すべての人々の、安価かつ信頼できる持続可能な近代的エネルギーへのアクセスを確保する
8	包摂的かつ持続可能な経済成長及びすべての人々の完全かつ生産的な雇用と働きがいのある人間らしい雇用（ディーセント・ワーク）を促進する
9	強靭（レジリエント）なインフラ構築、包摂的かつ持続可能な産業化の促進及びイノベーションの推進を図る
10	各国内及び各国間の不平等を是正する
11	包摂的で安全かつ強靭（レジリエント）で持続可能な都市及び人間居住を実現する
12	持続可能な生産消費形態を確保する
13	気候変動及びその影響を軽減するための緊急対策を講じる
14	持続可能な開発のために海洋・海洋資源を保全し、持続可能な形で利用する
15	陸域生態系の保護、回復、持続可能な利用の推進、持続可能な森林の経営、砂漠化への対処、ならびに土地の劣化の阻止・回復及び生物多様性の損失を阻止する
16	持続可能な開発のための平和で包摂的な社会を促進し、すべての人々に司法へのアクセスを提供し、あらゆるレベルにおいて効果的で説明責任のある包摂的な制度を構築する
17	持続可能な開発のための実施手段を強化し、グローバル・パートナーシップを活性化する

（出所）　環境省「すべての企業が持続的に発展するために―持続可能な開発目標（SDGs）活用ガイド―（資料編）」より筆者作成

エピローグ
人生 100 年時代のリテラシー

　人生100年時代を迎えると、時間が長くなる分だけ、選択や決断を迫られる機会も増えてきます。これまでの100年間も、戦争や自然災害、オイルショックや経済危機など、さまざまな出来事が社会を揺るがしてきましたが、ここから100年で起きる急速・急激な変化の中では、適切な選択や決断をすることは、さらに難しくなっていきそうです。

　Society 5.0が実現した社会では、AIやロボットの活動領域が広がり、働き方や暮らし方も、現在とは大きく変わることが想定されます。機械が人の仕事を肩代わりするようになれば、会社はたくさんの人を雇う必要もなくなります。機械が人間から学べることが増えてくると、単一のスキルの耐用年数が、短くなっていくことも考えられます。人生100年時代を生き抜いていくためには、変化を先取りして、新たな知識やスキルを学び続ける必要がありそうです。

　機械は、さまざまなデータから学び取り、与えられたタスクを休まず、間違えずにこなすことが得意です。機械を上手に使う仕事をするためには、専門分野に関わる知識だけでなく、幅広い分野で知的基盤を充実させ、価値のあるタスクを機械に与える能力を養っていくことが重要になります。機械ではできない仕事をするためには、人間ならではの視点や感性を発見や発明に結びつけたり、さまざまなモノやコトを組み合わせたりすることで、価値を生み出す創造力も求められます。

　世界に目を転じると、人口が急速に増加し、水や食料、エネルギーなどの不足が、深刻になると予想されています。日本と世界が異なる課題を抱えているとすれば、お互いに協力し合い、不足を補い合うことで、

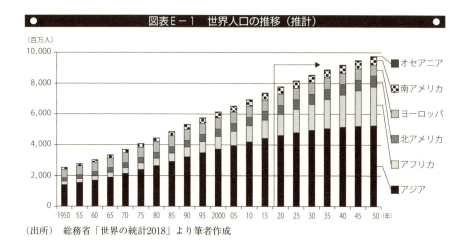

ミスマッチを小さくすることが期待できます。ミスマッチを埋めるために、人や物が国境を越えて動くとすれば、金融経済に関わるリテラシーは、共通言語として役に立つかもしれません。この本で触れていただいた内容が、人生100年時代に向けて学び続けることのきっかけになれば、筆者としてはとてもうれしく思います。

　この本のベースとなった「金融・経済活動と企業戦略」は、東京工業大学リベラルアーツ研究教育院の猪原健弘教授のご尽力によって開講が実現しました。猪原教授には、開講後も引き続きご支援をいただき、心から感謝申し上げております。また、この講義を続けられた背景には、大和総研グループの経営陣が、本業を通じて社会貢献する志を持ち、この取組みを後押ししてくれたことも大きく寄与しており、大和総研グループの理解と協力にも敬意を表したいと思います。そして、この本の出版にあたって、書籍化の趣旨を共有し、粗削りな企画や拙い原稿にも根気強くお付き合いくださった、株式会社きんざいの編集者西田侑加氏にも深く感謝する次第です。

【著者紹介】

岡野　武志（おかの　たけし）
　　株式会社大和総研 調査本部 主席研究員兼社会連携担当
　外国銀行勤務の後、1997年に大和証券グループ入社、2015年より現職。東京大学法学部卒業、一橋大学大学院国際企業戦略研究科博士課程修了。東京工業大学非常勤講師、一橋大学国際・公共政策大学院客員教授。経済産業省日本工業標準調査会臨時委員、文部科学省科学技術・学術審議会臨時委員等を経験し、証券アナリストジャーナル編集委員も務める。

太田　珠美（おおた　たまみ）
　　株式会社大和総研 金融調査部 主任研究員
　2003年に大和証券株式会社に入社、支店営業・経営企画部を経て2010年に大和総研に転籍、投資調査部において日本株式市場調査を担当。2011年より金融調査部においてコーポレートファイナンスを担当。慶應義塾大学法学部法律学科卒業、早稲田大学大学院ファイナンス研究科ファイナンス専攻専門職学位課程修了。東京工業大学非常勤講師。

理系人材のための金融経済リテラシー

2018年12月13日　第1刷発行

著　者　岡　野　武　志
　　　　太　田　珠　美
発行者　倉　田　　　勲

〒160-8520　東京都新宿区南元町19
発　行　所　一般社団法人 金融財政事情研究会
企画・制作・販売　株式会社きんざい
　出 版 部　TEL 03(3355)2251　FAX 03(3357)7416
　販売受付　TEL 03(3358)2891　FAX 03(3358)0037
　　　　　　URL https://www.kinzai.jp/

DTP・校正：株式会社アイシーエム／印刷：三松堂株式会社

・本書の内容の一部あるいは全部を無断で複写・複製・転訳載すること、および磁気または光記録媒体、コンピュータネットワーク上等へ入力することは、法律で認められた場合を除き、著作者および出版社の権利の侵害となります。
・落丁・乱丁本はお取替えいたします。定価はカバーに表示してあります。

ISBN978-4-322-13411-7